AI와 방위 산업의 변화

AI문고

인공지능 시대입니다. 기계가 인간의 인지를 대신하고, 사물이 인간을 통하지 않고 다른 사물과 직접 커뮤니케이션합니다. 이에 따른 인간 삶과 문명 변화를 정확히 이해·예측·대응하는 것은 이 시대 우리 모두의 과제입니다. AI문고는 인공지능 기술과 환경의 여러 주제를 10가지 키워드로 정리합니다. 관련 개념과 이론, 학계와 산업계의 쟁점, 우리 일상의 변화를 다룹니다. 인간과 기술의 현재, 미래를 세심히 분석합니다.

일러두기

- 인명, 작품명, 저서명, 개념어 등은 한글과 함께 괄호 안에 해당 국가의 원어를 병기했습니다.
- 외래어 표기는 현행 어문규정의 외래어표기법을 따랐습니다.

처음이세요?

전문가세요?

AI와 방위 산업의 변화

조현석

ㅋ

대한민국, 서울, 커뮤니케이션북스, 2025

AI와 방위 산업의 변화

지은이 조현석
펴낸이 박영률

초판 1쇄 펴낸날 2025년 11월 3일

커뮤니케이션북스(주)
출판 등록 2007년 8월 17일 제313-2007-000166호
02880 서울시 성북구 성북로 5-11
전화(02) 7474 001, 팩스(02) 736 5047
commbooks@commbooks.com
www.commbooks.com

ISBN 979-11-430-1403-0 03500

책값은 뒤표지에 표시되어 있습니다.

차례

미국 AI 신흥 방위 산업의 발전과 특성 xi

01 우크라이나 전쟁, 최초의 AI 전쟁 1

02 소설 《유령함대》 속의 미·중 세계 대전 11

03 드론과 자율무기 체계 21

04 드론과 자율무기 산업 생태계 31

05 전장 정보 분석 플랫폼과 전술 알고리즘 41

06 전장 정보 분석 플랫폼 산업 생태계 51

07 글로벌 지휘 통제시스템 61

08 글로벌 지휘 통제시스템 산업 생태계 71

09 미국 신흥 방위 산업의 발전 79

10 한국 신흥 방위 산업 생태계 분석 89

미국 AI 신흥 방위 산업의 발전과 특성

AI 혁명이 깊어지는 가운데 전쟁은 물론 세계 방위 산업도 빠르게 변화하고 있다. 군사 강대국 간 전략적 경쟁이 격화되고 우크라이나 전쟁이 지속하는 가운데 AI가 발전하면서 방위 산업도 대변혁을 겪고 있다. 이 글은 미국의 사례를 중심으로 이러한 방위 산업의 대변혁을 분석한다.

어떤 전문가는 이러한 새로운 방위 산업을 디지털 방위 산업(digital defense industry)으로 규정하고 있다(González, 2023). 이 책에서는 다르게 규정한다. 현재 방위 산업의 대변혁이 디지털의 요소를 강하게 지니고 있지만 이것에만 제한되는 것은 아니다. 이 책은 새로운 방위 산업을 '신흥 방위 산업(emerging defense industry)'이라고 규정한다. 여기에서 '신흥(emerging)'의 의미는 흔히 쓰이는 첨단의 의미가 아니라 창발 중에 있는 새로운 방위 산업이라는 의미다.

팔란티어, 신흥 방위 산업의 선두 주자

러시아가 우크라이나를 침공한 지 3개월이 지난 2022년 6월 미국 방산 기술 기업인 팔란티어(Palantir)의 알렉스 카프(Alex Karp) 대표와 직원들은 폴란드 국경 검문소를 도보로 통과하여 야전 지프를 타고 우크라이나 수도 키이우로 향했다. 젤렌스키 대통령을 만나 자사의 AI 기반 데이터 분석 플랫폼을 소개하고 키이우 사무소 개설과 지원 의사를 밝혔다(Bergengruen, 2024.2.8). 곧, 팔란티어는 우크라이나 군에 전장 정보 분석 플랫폼을 제공했다. 우크라이나 군은 이 정보 분석 플랫폼을 사용하여 러시아 군과 대치하는 전선에서 목표를 정확하게 식별하고 타격함으로써 드론 무기를 더 효과적으로 사용할 수 있었다. 드론 무기는 우크라이나 군이 러시아 군의 공세를 억제하고 전선을 지킬 수 있었던 결정적인 힘이 되었다.

이러한 활약에 힘입어 2022년 우크라이나 전쟁 발발 당시 보통의 방산 기술 기업에 불과했던 팔란티어는 2024년 말 주식 시가 총액이 2500억 달러에 달하여 유수의 미국 전통 방산 대기업을 제치고 미국 전체 방산 시장 제1위를 차지했다. 3년 전 시가 총액의 열 배가 넘는 초고속 성장을 이루었다(Economist, 2025.2.13).

팔란티어의 눈부신 성장은 단순히 개별 기업의 희귀한 사례 이상의 의미가 있다. 이것은 디지털과 AI 기술의 도약을 배경으로 발전하는 신흥 방위 산업의 흥기를 상징적으로 보여 준다.

미국 신흥 방위 산업의 발전 배경

신흥 방위 산업의 발전 배경을 살펴보자. 첫째, AI 기술을 비롯한 드론, 자율무기 체계, 반도체, 양자 기술이 비약적으로 발전하고 있다. 2010년대 초반 기계 학습 AI의 발전에 이어 2022년 말 자연어 처리가 가능한 생성형 AI가 등장했다. 이제는 인공 일반 지능(AGI, Artificial General Intelligence)의 시대가 멀지 않았다는 전망이 나오고 있다. 이렇듯 AI 기술의 도약으로 자율무기가 계속 발전하고 있으며 전장 데이터 분석 기법도 날로 새로워지고 있다. 암호 기술과 스텔스 기술을 혁신할 수 있는 양자 기술의 무기화 경쟁도 펼쳐지고 있다.

둘째, 2010년대에 들어 군사 강대국 간 지정학적 대립이 격렬해졌다. 탈냉전 초반 수세적이던 러시아가 2010년대에 들어 신민족주의를 내세우면서 공세적인 대외 전략을 추진했다. 2014년 우크라이나 영토인 크림반도를 강제적으로 합병했다. 중국에서도 시진핑 체제가 등장하여 군사력 증강을 추진했다. 2016년 등장한 미국 트럼프 행정부는 미국 우선주의를 주창하면서 2018년 국방 전략에서 중국을 전략적 경쟁국으로 또 러시아를 수정주의 강대국으로 규정하였다. 특히 경제, 기술, 안보에 이르기까지 미 · 중 패권 경쟁이 더 격화되고 있다.

셋째, AI 기술 발전과 군사 강대국 간 대립 격화로 인해 군사 강대국 간 AI 군비 경쟁이 매우 치열해졌다. 특히 AI 경쟁은 미국과 중국 간 글로벌 패권 경쟁의 핵심적인 요소가 되었다. 이러한 대립적인 지정학적 맥락에서 AI 무기를 생산하는 신흥 방위 산업의 중요성이 더 커지고 있다.

마지막으로, 우크라이나 전쟁은 신흥 방위 산업의 성장을 촉진하는 기폭제가 되었다. 우크라이나는 드론 전술로 초기 열세를 극복하고 러시아의 공세를 잘 버티어 왔다. 우크라이나 전쟁은 드론 무기의 위력과 전장 정보 분석 플랫폼의 효과를 생생하게 보여주었다.

신흥 방위 산업의 특성과 세 가지 범주

신흥 방위 산업의 특성을 밝히기 위해서 전통적인 기성 방위 산업과 비교한다. 기성 방위 산업은 무엇보다 전차, 항공모함, 전투기와 같은 고가의 무기 체계 플랫폼을 생산하는 데 주력해 왔다. 방위 산업에 대한 진입 장벽이 매우 높아 전문 방위 산업 기업들은 인수합병으로 점차 규모를 키워서 기업의 수가 감소하였다. F-35 전투기를 생산하는 록히드 마틴(Lockheed Martin)같은 원청 기업(prime contractor)의 수는 1990년대 초반 51개에서 2000년대 초반 5개로 급감했다. 방위 산업 시장에서 독점 구조가 고착되어 경쟁이 거의 사라졌다.

2020년대에 들어와서도 공고화된 방위 산업 구조는 큰 변동을 보이지 않았다. 이러한 공고화는 무기 체계가 매우 고가이고 정교하며 10년 이상의 장기적 개발 · 생산 · 조달 주기를 가지고 있다는 특성과 밀접히 관계된다. 무기 체계들은 기본적으로 하드웨어 중심의 특성을 가졌다. 물론 소프트웨어도 들어있으나 보조적인 요소다. 이와 함께 정부의 국방 획득 정책도 소수의 방산 기업들의 수익을 보장하는 '가격 플러스' 정책을 취하게 되었다. 이로써 방산 시장은 민간 시장과 더 분리되었다. 이 점은 미국의 방위 산업 부문이 민간 상용 시장에서 일어나는 빠른 기술 발전을 충분히 활용하기 어려워졌다는 것을 의미한다(US Department of Defense, 2022. 2.15).

반면, 신흥 방위 산업은 소프트웨어 중심적 특성을 보

인다. 예를 들면 드론은 하드웨어 무기로 보이지만 이를 구동하는 소프트웨어(운영 체제와 응용 소프트웨어 등)가 매우 중요하다. 특히 전장 정보 분석에서는 소프트웨어가 핵심적인 요소다. 또 이것은 AI를 적용하여 플랫폼으로 발전하고 있다.

기성 방위 산업은 거의 독점 구조를 보이지만 신흥 방위 산업에는 많은 방산 기술 기업들이 신규 진입하여 시장 경쟁과 기술 개발 경쟁이 매우 활발하다. 이와 함께 상대적으로 발전한 민간 상용 기술과 부품을 적극적으로 활용한다. 드론 무기는 개발 · 생산 · 조달 주기가 매우 짧고 가격이 저렴해 시장 경쟁이 매우 치열하다.

이러한 비교에서 주의할 점은 기성 방위 산업과 신흥 방위 산업은 서로 연관되어 있고 또 보완 관계에 있다는 점이다. 그런데, 우크라이나 전쟁의 발발과 2025년 트럼프 2기 행정부의 출범으로 미국의 방위 산업은 본격적인 디지털 변환이라는 역사적 변곡점에 서 있다. 특히 AI 기술의 발전이 더 빨라져 신흥 방위 산업의 중요성이 더욱 커지고 있다.

신흥 방위 산업은 세 가지 범주로 구분할 수 있다. 첫째, 드론과 자율무기, 둘째, 전장 정보 분석 플랫폼과 전술 알고리즘, 셋째, 글로벌 군사 정보시스템과 지휘 통제 체계 부문이다. 이러한 세 가지 범주 구분법은 신흥 방위 산업의 특성을 보여 주기 위한 하나의 접근법이다. 이러한 접근법은 전장 정보 분석 플랫폼과 글로벌 군사 정보 시스템도 각각 독립된 범주이고 드론과 자율무기 못지않게 중요한 부문이라는 점을 강조하기 위한 목적을 띠고 있다.

우선, 드론은 1990년대부터 중동 지역에서 미국이 정찰용으로 사용했다. 드론은 초기에 주로 무인 비행체를 의미했지만, 나중에 육상 · 해상 · 수중 드론도 등장했고, 또 점차 전투용 무기로 진화했다. 우크라이나 전쟁을 계기로 드론이 현대전에서 주력 무기로 자리를 잡았다.

우크라이나 전쟁 초기 주로 인간 병사가 드론을 조종하였고 정찰 및 전투 기능을 수행하였다. 드론의 운항을 방해하는 전자전(EW)이 등장하면서 광섬유와 같이 유선으로 조종하는 드론이 등장하였다. 드론의 자율성 향상과 전자전에 대한 대응을 위해 AI 기술을 드론 무기에 적용하기 시작했다. 자율 드론은 인명 피해를 줄이고 무기의 치명성을 높이는 데 도움이 된다.

드론 무기는 규모 변환(scalability), 짧은 개발 · 생산 주기와 신속한 납품, 손쉬운 개량, 저비용 대량 생산 등의 측면에서 기성 전통 무기 체계와 뚜렷하게 차별화된다. 특히 소형 드론은 저렴한 비용으로 단기간 내 대량 생산이 가능해서 소모성 무기로 분류된다. 이런 특성으로 대량의 소형 드론은 전차, 장갑차량, 전투기, 해군 함정에 대한 파괴적인 공격 무기로 사용할 수 있다. 또한 대형 자율 드론은 항속거리가 길고 체류 시간도 상당하며 매우 정교하여 전략 무기로 활용할 수 있다.

둘째, 전장 정보 분석 플랫폼과 전술 알고리즘이다. 우크라이나 전쟁이 보여주듯이 현대전의 전장은 디지털화, 다 영역화되고 있다. 지형지물이나 기후 조건과 같은 물리적 환경 못지않게 디지털 전장 환경도 전술과 무기 체계 운용에 큰 영향을 미친다. 현대 전장에서는 군사위성이 운용되고, 군사 사물 인터넷이 작동하고 있으며 다양한 전자적 통신이 연결되어 있고 여러 가지 센서 장치들이 설치되어 있다. 이러한 복합적인 사이버-물리 환경에서 수행하는 군사 작전은 대량의 데이터를 생성한다. 이러한 데이터를 수집 · 분석하는 전장 정보 분석 플랫폼은 전쟁의 승패를 좌우하는 결정적인 요소가 된다.

따라서 대량의 전장 정보를 처리할 수 있는 군사 소프트웨어 기업들이 방위 산업 시장에서 큰 몫을 하고 있다. 앞에 소개한 미국의 팔란티어가 대표적이다. 전투기와 같은 기성 전통 무기 체계에서도 소프트웨어의 활용이 늘어나고 있다. 그러나 이 소프트웨어 부분은 하드웨어에 종속된 전용 소프트웨어다. 전장 정보 분석 AI 소프트웨어는 여러 무기 체계, 군사 장치나 센서들을 구동하는 범용 소프트웨어로 기능한다. 여기에서는 소프트웨어 플랫폼이 주이고 하드웨어 요소는 종이 되는 것이다. 이러한 의미에서 현대전을 소프트웨어 중심 전쟁이라고 말한다. 이러한 전장 정보 분석을 주업으로 하는 기업들은 자사의 전장 정보 소프트웨어를 AI 플랫폼으로 격상시키기 위해 AI 기술을 적극적으로 수용한다.

우크라이나 전쟁을 최초의 AI 전쟁이라고 말하지만 자율 AI 무기들이 서로 싸우는 AI 전쟁은 아직 먼 미래에 속한다. 앞으로 오랫동안 자율 AI 무기 대신 유인 · 무인 복합 체계가 보편적으로 쓰일 것이다. 이러한 복합 체계는 용도, 규모, 기능, 성능 등에서 다양한 구조와 형태가 있다. 현재 유인 · 무인 복합 체계는 항공 분야에서 가장 빨리 발전하고 있다. 예를 들면 유인 전투기와 다수의 무인 드론 비행기로 구성된 복합 체계에 대한 연구 개발이 활발히 이루어지고 있다. 유인 · 무인 복합 체계에서도 무엇보다 중요한 것은 AI 기반 소프트웨어인 전술 알고리즘이다.

전술 알고리즘은 아주 많은 수의 드론을 활용하여 스

워밍(swarming) 전술을 고안하고 전개하는 데도 매우 중요하다. 드론 스워밍 작전을 위한 알고리즘의 개발은 무인 항공 체계 분야에서 가장 활발하지만, 점차 육상 및 해상 분야로 확산하고 있다.

셋째, 글로벌 군사 정보시스템과 지휘 통제 체계 부문이다. 미국은 한 세대에 한 번 나올 만한 중대한 군 지휘 통제 체계의 혁신을 추진하고 있다. AI의 발전과 함께 전쟁 영역이 육·해·공 및 우주와 사이버 공간으로까지 확대되고 있는 미래전의 특성을 반영하여 모든 군은 '합동 전영역 지휘 통제(JADC2)' 구상에 참여하고 있다.

지휘 통제는 전쟁에서 가장 중요한 의사 결정 체계다. 전통적으로 지휘 통제는 군 조직의 특성상 위계적이고 중앙 집중적 구조를 보였다. JADC2 구상은 AI를 기반으로 분산적이고 탈집중적인 조직 원리를 채택하고 있다. 이전 점에서 이것은 단순한 의사 결정 체계가 아니라 각종 센서, 무기 체계, 인적 요소들이 빈틈없이 연결되어 작동하는 군사 정보시스템이자 지휘 통제 네트워크다. 또한 미국은 지휘 통제 플랫폼을 동맹국의 군대와 연결하는 데도 관심이 크다. 동맹국과의 군사 협력이 무기 체계는 물론 지휘 통제 부문으로 확대되고 있다.

신흥 방위 산업의 사업 모델

신흥 방위 산업은 사업 모델도 기성 방위 산업과 크게 다르다. 지나친 단순화의 위험은 있지만 신흥 방산 기업의 사업 모델은 세 가지 특성, 즉 '저렴하게(cheap-up)', '빠르게(fast-up)', '모듈 방식(modular)의 설계와 생산'을 보인다[유튜브, 와이스트리트(ystreet), 2025.2.27]. 사실, 이러한 사업 모델은 민간 IT(정보통신) 시장에서 발달한 방식이다(Cowhey and Aronson, 2009). 신흥 방산 기술 기업들이 이를 방위 산업 부문에도 적용하고 있다.

첫째, '저렴하게' 방식은 저렴한 비용으로 필요한 무기를 생산하는 것이다. 그렇지만 단순히 가격을 낮춘다는 게 아니라 가성비가 높은 무기 체계를 개발, 생산한다는 뜻이다. '비용은 낮게, 성능과 품질은 양호하게'를 지향한다. 가성비가 높아야 경쟁력이 있다는 것은 민간 시장에서는 당연한 일이다. 그러나 전통적인 방위 산업 부문에서는 이러한 시장 원리가 잘 통하지 않았다. 전통적인 무기 체계의 생산과 조달은 대부분 소수의 독과점 기업에 의해 좌우되었다. AI와 디지털 기술로 경쟁력을 키운 신흥 방산 기술 기업들은 비용 효율적인 방법으로 이에 도전하고 있다. 예를 들면 현대전의 주력 무기가 된 군용 드론은 저렴한 비용으로 대량 생산하는 것이 경쟁력의 핵심이다.

'저렴하게' 방식은 여러 가지가 있다. 우선, 민간 시장에서 기성 부품이나 소프트웨어를 구매하여 활용한다. 또, 제품의 개발 주기를 민첩하게 관리하고 피드백을 통한 개선을 추구한다. 국방 서비스의 제공도 대부분 소프트웨어에 기반을 두고 있어서 개량과 갱신 비용이 적다.

둘째, 무기 체계의 신속한 개발과 조달 및 배치를 의미하는 '빠르게' 방식은 현대전의 속도 전쟁을 반영한다. 예를 들면 우크라이나 전쟁에서 나타나고 있듯이 드론 무기는 나날이 혁신되고 있으며 이에 대한 대항 무기도 신속하게 등장하고 있다. 전장 수준의 '군비 경쟁'의 주기가 점점 빨라지고 있다. 이러한 전장 환경의 빠른 변화에 따라 무기 체계의 적시 공급이 무엇보다 중요해지고 있다. 이에 따라 무기 체계의 개발과 생산을 위한 전주기 관리 시스템도 점점 효율화되고 있다. 예를 들면 민간 부문에서는 보편화된 민첩형(agile) 관리 기법들을 방위 산업에 활용하고 있다.

셋째, 모듈 방식의 설계와 생산 방식은 대부분의 민간 산업에서 광범위하게 적용되고 있다. 그러나 고가의 무기 체계에 적용하는 데는 여러 가지 어려움과 제한이 있었다. 무기 체계는 보안성, 신뢰성, 성능 측면에서 특별

히 엄격한 기준이 요구되기 때문이다. 그런데 소모성 드론의 국방 수요가 급격히 증가하면서 대량 생산을 위해서 모듈 방식의 활용이 늘어나고 있다. 상업 시장에서 IT 분야나 AI 부문의 기술 수준과 역량이 빠르게 높아지면서 이를 활용하기 위해서 방산 분야에서도 모듈 방식의 활용이 점점 확대되고 있다. 특히 군용 드론 분야에서는 이러한 현상이 더 두드러지게 나타나고 있다. 이러한 현실을 반영해 미국에서 국방 조달 제도가 변화하고 있다.

모듈 방식은 무기 체계나 전술 알고리즘의 생산 비용을 감축하고 조달 주기를 단축할 수 있다. 또 무기 체계의 상호운용성을 높여서 다른 무기들과 통합하여 운용하는 데도 효율성을 높일 수 있다. 나아가 필요에 따라 모듈화된 구성품을 추가하거나 제거하여 전장 환경에 맞게 시스템을 확장하고 개선하는 것도 신속하고 효율적으로 할 수 있다. 더구나 전체 시스템을 교체할 필요 없이 개별 모듈을 업그레이드하거나 교체하여 수명을 연장하고 장기적으로 비용을 절감할 수 있다.

유리한 신흥 방위 산업의 성장 환경

미국에서 전장 정보 분석 부문이 발전하면서 이와 관련된 군사 AI 시장도 성장하고 있다. 연방정부의 군사 AI

계약을 위한 예산이 2022년과 2023년 사이 거의 세 배나 증가했다. 군사 AI 부문에 관심이 적었던 벤처 자금 시장에서도 방산 스타트업계로 향한 벤처 투자가 붐을 이루고 있다. 벤처 투자 자금이 2019년 160억 달러에서 2022년 330억 달러가 되었다. 2022년 우크라이나 영향으로 이후 1300억 달러의 자금이 방산 스타트업계로 유입되었다. 이러한 사업 환경의 변화 속에서 신흥 방위 산업계에서도 연 매출 10억 달러를 넘은 유니콘 방산 기업이 팔란티어, 안두릴(Anduril), 실드 AI(Shield AI), 에피러스(Epirus), 호크아이 360(HawkEye 360), 리벨리언 디펜스(Rebellion Defense) 등 여섯 곳이 생겼다(González, 2023). 스타트업의 90% 이상이 실패한다고 하는 실리콘밸리의 벤처 투자 시장에서 신생 방산 스타트업이 따라가고 싶은 현실 모델이 나타난 것이다.

미 국방부는 전통적으로 첨단 기술의 군사적 활용을 중시해 왔다. AI 기술을 포함한 신흥 기술을 군사적으로 활용하려는 정책으로 미 국방부는 2015년 새로운 군사 혁신을 선도하는 국방혁신단(Defense Innovation Unit)을 장관 직속 조직으로 설립하였다. 1990년대 탈냉전 시기를 지나면서 미국의 방위 산업에서 소수의 대기업이 핵심 무기 체계 조달을 독과점하는 등 경쟁의 약화가 크게 두드러졌다. 기술 혁신이 활발한 실리콘 밸리에 사무소를 개설하여 AI와 첨단 기술의 군사적 활용에 적극적으로 노력했다. 또 미 국방부는 고위 수준에서 국방부와 미국 IT 업계를 연결하기 위해 국방혁신위원회(Defense Innovation Board)를 설치하였다.

또 미 국방부는 2023년 8월 소모 가능 소형 드론을 대규모 조달하여 부대에 배치하는 리플리케이터 구상(Replicator Initiative)을 추진하였다. 이것은 1단계와 2단계에 걸쳐 추진하는 국방 사업인데 2단계는 대 드론 무기 체계의 개발을 포함하고 있다(Sayler, 2025).

그러나 미 국방부의 이러한 노력에도 불구하고 전반적으로 미국의 국방 정책 부문과 미국 IT 업계는 서로 우호적이지 않았다. 예를 들면 2018년 구글은 직원들의 항의로 국방부의 프로젝트 메이븐(Project Maven) 사업을 포기했다. 프로젝트 메이븐은 2017년 기계 학습 AI의 활용과 데이터 융합을 통해 여러 부문에 적용할 수 있는 범용 군사 알고리즘을 개발하는 사업이다. 또, 여러 AI 기업이 국방 계약에 참여하는 것을 꺼렸다.

그런데 2025년 트럼프 행정부 2기에 들어와 실리콘 밸리의 문화가 급격히 달라지고 있다. 민간 기술 분야와 군과의 협력 관계는 무척 긴밀해지고 있다. 예를 들면,

구글이 국방 AI 분야로 다시 돌아왔다. 구글은 올해 2월 AI의 군사적 이용에 제한을 두던 정책을 번복했다. 이와 함께 AI 모델 기업인 오픈 AI(OpenAI), 안드로픽(Anthropic), 메타(Meta)도 방위 산업 분야 사업에 참여했다(Economist, 2025.2.13).

트럼프 행정부 2기에서 AI의 군사적 활용이 더 적극적으로 추진될 것으로 전망된다. 국방부 고위직에 기성 방위 산업에 비판적인 실리콘 밸리 출신 기업인이 여러 명 임명되었다. 팔란티어의 A. 카프 대표는 방위 산업을 포함한 국방 개혁을 주장하는 단행본을 출간하였다. 이러한 인사들의 주장에 따르면, 소수의 대기업이 지배하는 방위 산업은 경쟁이 사라지고 기술 발전이 활발한 상업 부문과 분리된 채 현상 유지에 급급한 상태에 놓여있다. 또 소수의 원청 대기업에 유리한 조달 정책과 국방 획득 제도가 바뀌지 않고 있어서 상업적 기술을 활용하려는 신흥 방위 기술 기업들의 국방 조달 기회가 매우 제한된다고 주장한다.

또한 이들은 소수의 원청 대기업에 유리하게 되어 있는 국방 획득 정책의 혁신도 강하게 주장한다. 국방 획득 정책이 부분적으로 개선되어 왔지만 아직도 중요한 규정은 소수의 원청 대기업에 유리하게 되어 있다고 비판한다. 시가 총액이 록히드 마틴보다 더 높다는 팔란티어와 같은 방산 기술 기업도 원청 기업의 자격을 취득하지 못하고 있을 정도로 국방 조달 시장의 진입 장벽이 매우 높다고 비판한다. 또한 드론과 같은 무인 자율 체계에서는 기술 혁신이 매우 빠르게 일어나므로 10~20년이 걸리는 국방 개발 및 획득 주기를 크게 단축할 필요가 있다고 주장한다.

미국의 신흥 방위 산업이 어떻게 성장할지, 어느 정도 빠르게 자리를 잡을지 전망하기는 무척 어렵다. 그러나 분명한 점은 신흥 방위 산업이 발전의 동력을 상당히 축적하고 있고 기성 방위 산업과의 차별화는 더 확대될 것이라는 점이다.

이 글의 구성은 다음과 같다. AI 기반 미국 신흥 방위 산업의 형성을 전반적으로 개관하는 서문에 이어 1장과 2장은 전형적인 현대전의 사례를 소개하고 있다. 1장은 우리가 목격하고 있는 우크라이나 전쟁을 검토한다. AI가 드론과 자율무기의 진화와 전장 정보 분석 시스템에 미치는 영향에 초점을 두고 있다. 2장은 가상적 미·중 전쟁 시나리오를 소설의 형식으로 제시하고 있는 '유령함대'를 분석한다. 전쟁의 디지털화와 다 영역화 측면에 초점을 두고 검토한다. 이러한 검토를 통해 신흥 방위 산업에 대한 함의를 찾는다.

3장에서 드론과 자율무기에 대해서 분석하고, 이어서 4장에서는 이 부문 미국의 주요 신흥 방산 기업을 소개하고 해당 방위 산업 생태계를 분석한다. 5장에서는 전장 정보 분석 플랫폼과 전술 알고리즘을 개관하고 6장에서는 이 부문 주요 신흥 방산 기업들을 조사하고 해당 방위 산업 생태계를 분석한다. 7장에서는 군사 정보시스템과 지휘 통제 체계의 글로벌 범위의 운용을 겨냥하는 미국의 JADC2 구상을 분석하고 8장에서는 관련 방산 기업과 방위 산업 생태계를 분석한다.

이러한 분석을 종합하여 9장에서는 미국의 신흥 방위 산업의 생태계의 구조와 변화를 종합적으로 검토한다. 마지막 10장에서는 우리나라 신흥 방위 산업 생태계를 조사하고 이 연구가 우리나라 방위 산업 발전에 어떤 정책적 함의와 시사점을 주는지 살펴본다.

참고문헌

와이스트리트(ystreet)(2025.2.27). "머스크가 F-35를 무시하는 이유… '북한이 무기에 AI를 붙이고 있습니다' 서울 상공에 북한 드론 수천 대 뜨면, 방법이 있습니까?". 유튜브. https://www.youtube.com/watch?v=WzjLjJWR1hc

Bergengruen, V.(2024.2.8). How tech giants turned Ukraine into

an AI War lab. *Time.*
https://time.com/6691662/ai-ukraine-war-palantir/

Cowhey, P. F. & Aronson, J. D.(2009). *Transforming global information and communication markets: The political economy of innovation.* The MIT Press.

Economist(2025.2.13). America's military supremacy is in jeopardy.
https://www.economist.com/briefing/2025/02/13/americas-military-supremacy-is-in-jeopardy

González, R. J.(2023.2.7). Militarising big tech: the rise of Silicon Valley's digital defence industry. TNI(Transnational Institute).
https://www.tni.org/en/article/militarising-big-tech

Sayler, K. M.(2025.8.25). DOD Replicator Initiative: Background and Issues for Congress. Congressional Research Service.

U.S. Department of Defense(2022.2.15). State of competition within the defense industrial base.
https://media.defense.gov/2022/feb/15/2002939087/-1/-1/1/state-of-competition-within-the-defense-industrial-base.pdf

01
우크라이나 전쟁, 최초의 AI 전쟁

우크라이나 전쟁은 전쟁의 역사에 무엇을 남길까? 군용 드론이 주력 무기로 등장한 '최초의 드론 전쟁', AI를 본격적으로 전쟁에 사용한 '세계 최초의 AI 전쟁'이란 말이 아닐까? 러시아의 침공을 받은 우크라이나 군은 예상 외로 대부분 전선에서 러시아 군의 진군을 저지하고 장기전을 버텨내고 있다. 물론 미국의 군사 지원이 큰 힘이 되었다. 그러나 나라가 처한 긴박한 상황 때문에 우크라이나는 신흥 방위 산업을 육성하고 드론 무기와 전장 정보 분석 시스템을 개발했다. 또 러시아 군에 맞서 아주 창의적이고 과감하게 드론 전술을 구사했다.

기후 위기와 인공지능?

2022년 봄 러시아의 침공으로 시작된 우크라이나 전쟁은 현대전의 성격과 수행 방법을 근본적으로 변화시키고 있다. 드론 무기가 주력 무기로 등장한 '최초의 본격적인 드론 전쟁', '세계 최초의 AI 전쟁'이란 표현이 바로 이러한 변화를 잘 말한다.

여기에서는 주로 드론 무기와 전장 정보 분석 소프트웨어와 같은 무기 체계의 발전을 중심으로 우크라이나 전쟁을 분석하고 의미를 검토한다. 우선, 우크라이나 전쟁은 2차 세계 대전 이후 유럽에서 군사 강대국에 의해서 감행된 최초의 전면적인 정규전이다. 러시아는 우크라이나 침공을 '특별 군사 작전'이라고 주장하지만, 객관적으로 보면 핵무기까지 보유한 군사 강대국이 일으킨 전형적인 근대 전쟁의 한 사례라고 볼 수 있다.

전쟁 초기 탱크와 장갑차량을 앞세운 러시아의 강력한 재래식 군사력이 우크라이나 군대를 압도하면서 이른 시기에 러시아의 승리로 귀결될 것으로 예측되었다. 그러나 이러한 분석과는 달리 우크라이나 수도인 키이우 방면을 향하던 러시아 군의 진군이 거의 저지되었고, 대부분 전선은 교착 상태에 빠졌다. 생각보다 우크라이나 군이 러시아 군의 공세를 잘 막아냈다.

이를 어떻게 설명할 수 있을까? 전쟁이 나자, 미국은

바로 대대적인 군사적 지원에 나섰다. 특히 초기에는 러시아의 전차 부대를 공격할 수 있는 재블린(Javelin) 등 대규모 재래식 무기 체계와 포탄의 지원이 큰 도움을 주었다. 특히 재블린은 개인 병사들이 휴대하여 사용할 수 있을 정도로 매우 효과적인 대전차 무기였다.

그러나 미국의 군사 지원으로 모든 것을 설명하기 어렵다. 바로 여기에서 드론 무기가 나온다. 드론의 활약은 전선을 고착시켜 러시아의 공세를 둔화하는 데 기여했다. 밤낮으로 전선 상공에 가득 떠 있는 드론에 의해 조그만 움직임도 감지되고 공격당할 수 있었다. 드론에 노출되면 금방 죽게 된다는 위협감이 퍼져나갔다. 드론은 전쟁 초반 비대칭 무기로서 우크라이나에 더 큰 이점이 되었고, 병력과 무기의 열세를 극복하게 만든 원동력이 되었다.

전쟁의 경과

무기 체계의 측면에서 보면 우크라이나 전쟁은 크게 두 단계로 구분된다. 초기부터 2023년 말까지 드론은 초기 비대칭 무기에서 점차 주력 무기로 변화했다. 두 번째 단계에서는 AI를 적극적으로 수용하기 시작했다. AI를 장착한 자율 드론의 사용이 증가하고 AI를 활용하여 전장 정보시스템인 델타(Delta)의 능력이 향상되었다.

첫 번째 단계에서 드론은 대체로 정찰 기능이 중시되었으나 점차 전투 기능이 강조되었다. 정찰 드론과 야전포의 결합은 상당히 효과적이었다. 우크라이나 군에게 충분하지 못한 탄약 공급을 메꾸는 수단이 되었다.

그러나 러시아도 드론을 전선에 투입하기 시작했다. 러시아는 초기에는 샤에드 136(Shahed 136)과 같은 튀르키예의 정찰 및 공격 드론을 수입하였으나 점차 국내에서 드론을 생산했다. 또 러시아는 드론을 저지할 수 있는 전자전을 적극 이용했다. 전자전에 대항하는 수단으로 우크라이나 군은 넓은 망(net)을 이용하기도 했고 점차 광섬유를 이용해 드론을 운용했다. 러시아도 이를 따라 광섬유 드론을 사용했다. 드론은 이제 비대칭 무기에서 주력 무기가 되었다.

2024년 두 번째 단계에서는 드론이 본격적으로 동원되었고, 드론의 자율성도 점점 높아졌다. 병사가 조종하는 드론은 명중률과 치명도가 그리 높지 않았다. 명중률은 10~20% 수준이었는데 자율 드론은 70~80%까지 향상되었다(Economist, 2025.3.12). 그런데 자율 드론은 DIY(do it yourself) 방식이나 초보적인 기술을 적용한 드론에 비해 큰 비용이 든다는 단점이 있다. 그러나 드론 무기의 작전 용도가 다양해짐에 따라 정교한 수준의 자율 드론의 비중이 점점 증가하였다. 우선, 우크라이나에서 드론의 생산량도 100만 대 이상의 수준으로 많이 증가하였고 전술 드론 외에 장거리 드론도 개발하고 있다. 또 항공 드론에 더해 지상용 무인 전투 차량이나 해상 드론도 개발, 생산하고 있다.

우크라이나 군은 전장 정보시스템 델타(Delta)를 개선하고 활용을 확대했다. 우크라이나 군이 민간에서 개발된 델타의 초기 모델을 전쟁 초반 제한적으로 사용했다. 2023년 군이 이전받은 후 개선하여 2024년 8월 공식적으로 우크라이나 국방부가 채택했다. 우크라이나 국방부는 점진적으로 델타의 기능을 개선하고 더 많은 종류의 데이터들을 처리하였으며 미국과 NATO(북대서양조약 기구)와 부분적으로 시스템 통합을 도모하고 AI 기술을 점차 적용하고 있다.

우크라이나 군의 최대 취약점은 방공망이다. 이에 러시아는 2023년 말부터 전투기, 미사일, 장거리 드론 등을 동원해 우크라이나를 계속해서 공격하고 있다. 우크라이나는 이러한 방공망의 취약점을 만회하기 위해 2024년 중반 이후 매우 과감한 작전을 몇 차례 시도했다.

우크라이나 군은 2024년 8월 국경에서 멀지 않은 곳에 있는 러시아 영토인 쿠르스크 지역을 기습 점령했다. 이 기습 점령은 상징적인 의미가 컸다. 더구나 러시아 군은 이 지역을 탈환하는 데 거듭된 어려움을 겪었다. 그러나 우크라이나는 2025년 3월 미국과 관계가 나빠져 일시적으로 미국 측이 군사 정보를 제공하지 않으면서 러시아의 공세 움직임을 제대로 파악하지 못했다. 우크라이나는 크게 패퇴했고 점령한 러시아 영토를 대부분 다시 빼앗겼다(이일우, 2025.3.25).

2024년 9월 우크라이나 군이 국경에서 수백 킬로미터 떨어진 모스크바 인근인 러시아 중심부의 전력 시설과 정유 공장을 정밀 타격했다. 전파 방해에 취약한 GPS (global positioning system) 대신 미국 기업의 AI 소프트웨어를 장착하여 드론이 비행 중 자체적으로 지형을 탐색하고 경로를 설정하여 목표물을 정확히 식별한 후 자폭 공격을 감행할 수 있었다.

장거리 드론과 미사일을 동원한 러시아 군의 공세가 점점 거세지면서 우크라이나 군은 2025년 6월 초 더 과감한 작전을 감행했다. 2차 종전 협상을 앞두고 실행된 이 '거미집(Spider Web)' 작전을 통해 우크라이나 군은 일인칭 시점(FPV) 드론 100여 대로 러시아 본토 깊숙이 위치한 러시아 공군 기지 네 곳을 타격했다. 수십억 달러가 나가는 러시아 전략 폭격기 40여 대가 공격당해 상당수가 파괴되었다고 보도되었다. 국경에서 4300km나 떨어진 이르쿠츠크시 인근에 있는 공군 기지에도 공격을 가했다. 우크라이나 공격 부대는 드론을 공군 기지 부근으로 밀반입하여 기습 공격하였다고 전해진다.

이른바 '거미줄 작전'은 군사 강대국에도 드론 전쟁의 위협을 새롭게 인식하는 계기가 되었다. 미 국방부는 드론 무기는 소형 드론이라도 해외 주둔 미군 기지뿐만 아니라 미국 본토까지도 위협할 수 있는 무기로 평가하게 되었다(Barnes and Schmitt, 2025.6.10).

우크라이나 방위 산업의 발전

우크라이나는 2019년 5월 젤렌스키 대통령이 집권하면서 디지털 진흥부를 설치하여 적극적으로 신흥 방위 산업을 육성했다. 미국 기업에 근무하고 있던 우크라이나 엔지니어 다수가 귀국하였다. 또 수도인 키이우 인근에 혁신 파크를 조성하였다.

그러나 2022년 봄 전쟁 초반 드론의 자체 생산이 원활하지 못했고 튀르키예 등 외국산 드론을 많이 수입했다. 드론의 자체 생산에도 중국산 부품들을 많이 활용했다. 점차 자체 드론 생산을 위한 산업 기반을 갖추게 되었다.

스타트업의 창업이 증가했고 구글 등 미국 기업들의 기술적 지원과 투자도 이어졌다. 안면 인식 전문인 미국의 방산 스타트업 클리어 뷰(Clearview)는 23만 명에 달하는 러시아 군인들의 얼굴 데이터를 우크라이나에 제공하였다. 이외 다수의 미국과 유럽의 스타트업은 드론 판매와 기술 전수를 목적으로 키이우에 판매 지점을 설치하였다(Economist, 2025.6.26).

이를 토대로 우크라이나의 방위 산업 능력이 크게 높아졌다. 2022년 러시아의 침공 시 10억 달러 규모에서 2025년 150억 달러 규모로 크게 성장했다. 우선 드론의 생산량도 많이 증가했다. 전쟁 초반 1~2년 사이 몇 만 대 생산에 그친 드론의 수가 2024년 이후 연 100만 대 수준으로 증가했다. 단순한 소프트웨어를 활용한 병사가 조종하는 초보적인 소형 드론 외에도 일인칭 시점(FPV) 드론과 AI를 적용한 자폭 드론도 개발했다.

또 우크라이나는 병사와 전차 등을 공격하는 단거리 드론뿐만 아니라 지휘부, 탄약고, 병영, 산업 기지를 타격할 수 있는 장거리 드론도 개발했다. 또한 야포, 탄약, 장갑차량과 미사일도 자체 생산하였다. 방위 산업의 발전과 드론 전력 덕분에 우크라이나는 오락가락하는 미국 트럼프 대통령의 군사 지원에도 불구하고 장기전이 되어 가는 전쟁을 견디어 나가고 있다.

참고문헌

이일우(2025.3.25). "우크라이나가 쿠르스크에서 무너진 이유… 미국의 가공할 정보 능력". 《한국일보》. https://www.hankookilbo.com/News/Read/A2025032414380004708

Barnes, J. E. & Schmitt, E.(2025.7.10). As drone warfare evolves, Pentagon sees its own vulnerabilities. *New York Times*. https://www.nytimes.com/2025/07/10/us/politics/us-military-drone-technology.html

Economist(2025.3.12). Ukraine's embrace of drone warfare has paid off. https://www.economist.com/science-and-technology/2025/03/12/ukraines-embrace-of-drone-warfare-has-paid-off

Economist(2025.6.26). Complex post-industrial military. https://www.economist.com/briefing/2025/06/26/the-war-in-ukraine-shows-the-west-can-re-arm-without-re-industrialising

02
소설 《유령함대》 속의 미·중 세계 대전

미 · 중 패권 전쟁은 일어날까? 불가피한가? 일어나면 어떻게 전개될 것인가? 소설 《유령함대》는 이러한 질문을 둘러싸고 전개된다. 전쟁 촉발의 계기와 원인으로 세계 경제 공황과 에너지 위기, 에너지원을 둘러싼 미 · 중 충돌을 들고 있다. AI 시대 군사 정보시스템의 중요성과 취약성을 동시에 보여주고 있으며, 첨단 무기가 강점과 함께 취약성도 보인다는 점을 상기시키고 있다. 또한 미래 전쟁에서도 애국심, 감투 정신과 투지, 공동체의 단결도 여전히 중요하다는 점을 역설하고 있다.

노래하는 AI 보컬?

소설 《유령함대》의 발간 의도와 동기

저자들은 미국 연방정부의 정책 결정자들을 쉽게 설득하기 위해 소설 양식을 사용했다. 저자들에 따르면, 기술적인 내용으로 채워진 딱딱한 내용의 보고서는 엄밀성의 미덕은 있지만 정책 결정자들에게 잘 읽히지 않는다. 분석의 엄격성을 유지하는 한편 소설의 상상력과 흥미를 더해 메시지의 전달력과 설득력을 높이려고 노력했다.

소설 《유령함대(Ghost Fleet)》의 공저자인 싱어(Peter W. Singer)와 콜(August Cole)은 국방과 전쟁 분야 전문가들이다. 싱어는 하버드 대학에서 국제정치학 박사학위를 받았고 많은 전문 저술을 펴냈다. 민간 군사 기업을 해부하는 《전쟁 대행 주식회사》, 아프리카 내전에서 위협과 강제 속에 징발된 소년병들의 고통과 희생을 다룬 《소년 병사(Children at War)》, 《하이테크 혁명: 로봇 혁명과 21세기 전쟁》, 그리고 사이버 안보와 사이버 전쟁을 다룬 《사이버보안 어벤져스는 없다》 등이 있다.

콜은 유명 경제 일간지 《월 스트리트 저널(Wall Street Journal)》의 방위 산업 전문 기자로 활동했으며 《유령함대》의 발간으로 명성을 얻어 싱어와 함께 미래 전쟁 소설을 펴내는 등 더욱 적극적으로 활동하고 있다. 현재 두 사람은 《유령함대》 저술의 기법을 더욱 발전시키고 실천하는 웹사이트 '유용한 픽션(Useful Fiction)'을 만들어 운영하고 있다. 싱어는 어릴 적부터 2차 세계 대전에서 해군 대령으로 참전한 할아버지의 서고에서 군사와 전쟁에 관한 책을 탐독했다고 말한다. 어린 나이에 소위 '밀덕(밀리터리 덕후)'이었던 셈이다.

《유령함대》를 저술하게 된 계기와 동기가 흥미롭다. 공동 저자 두 사람은 같은 통근 열차를 타고 출근하면서 많은 대화를 나누었는데 지정학적 이슈에 서로 공감하는 것이 많다는 걸 알았다. 2000년대 후반경인 이 무렵 미국은 테러 억제 정책을 우선하면서 중국과는 협력 관계를 유지하고 있었다. 두 사람은 앞으로 중국과의 지정학적 대결 관계를 피할 수 없게 된다는 비판적 견해를 공유했다.

소설의 배경

소설의 기본적인 시대적 배경은 미·중 관계의 급변이다. 저자들이 대화하면서 서로 확인한 미·중 관계에 대한 비판적 견해가 소설의 구상에 큰 영향을 주었다고 볼 수 있다. 이 시기가 대체로 2000년대 후반인 점을 고려하면 당시 '테러와의 전쟁'에 붙들려 있던 미국의 국방 전략에 대한 비판적 견해가 소설의 방향에 큰 영향을 주었다는 것을 짐작할 수 있다. 2010년대는 세계 지정학적 질서가 격변을 일으킨 시기다. 중국에서는 2012년 야심적인 중국몽을 내세운 시진핑이 등장했으며 러시아의 푸틴은 국내 권력 체제를 공고히 하며 우크라이나의 크림반도를 강제 병합했다(2014년). 미국에서도 중국과의 패권 전쟁을 피하기 어렵다는 인식이 나타났다(Ellison, 2017).

이러한 지정학적 급변은 또한 AI와 로봇 기술의 발전과 맞물려 전쟁의 미래를 더욱 복잡하게 만들었다. 전쟁 영역이 기존 육 · 해 · 공에 우주 공간과 사이버 공간이 중첩되었고, 전쟁의 디지털화도 더욱 깊어졌다. 이러한 지정학적 변화와 AI 기술의 영향이 소설에 잘 녹아들었다.

소설 속 미·중 세계 전쟁의 배경과 전개

소설의 배경 시기는 2035년경으로 추정된다. 세계 최대 석유 생산국인 사우디아라비아에서 유전의 대대적인 파괴 사태가 발생하면서 석유 가격이 급등하여 세계 경제가 심각한 불황에 빠진다. 중국에서 공산당의 붕괴 후에 들어선 군과 산업계 엘리트들로 구성된 최고위원회는 러시아와 손잡고 미국에 대한 공격을 기획한다. 이는 미국 자치령인 괌(Guam) 인근 심해에서 발견한 대규모 석유 매장지를 중국의 배타적 경제수역(EEZ)으로 만들기 위한 목적을 띠었다. 이를 위해서는 서태평양 지역에서 미군 군사 기지를 몰아내고 하와이를 점령하여 협상 지렛대로 활용하는 게 필요했다.

중국은 먼저 기습적으로 우주 작전을 실행한다. 러시아의 지원을 받아 미국 요원들을 밀어내고 우주 정거장을 장악한다. 중국은 신기술로 미국의 위성 체계를 무력화시키고 스스로 위성 체계를 장악하여 지구 위의 모든 대상과 움직임에 대해 실시간 데이터 분석과 활용으로 감시와 통제력을 극대화하게 된다. 다른 한편 미국 국방정보시스템에 악성 소프트웨어를 심어 군 지휘 통제시스템을 오작동시키고 F-35 스텔스 전투기와 같은 미국의 최신예 무기 시스템의 운용을 차단한다. 이와 아울러 일본 내 미군 기지를 폭격하는 한편 방사능 물질을 추적하는 신무기로 미군의 핵 추진 항공모함과 잠수함들을 마비시킨다.

이러한 사전 정지 작업을 배경으로 중국군은 하와이의 호놀룰루에 있는 군항들을 기습 공격한다. 1941년 일본의 진주만 기습 공격을 연상시키는 구도다. 항구에 위장으로 들어온 컨테이너 선박에서 쏟아져 나온 미사일, 어뢰, 소형 드론들은 해군 함대와 비행장들을 파괴한다. 미군의 방어 체계가 대부분 무너졌고 중국군 병력은 전차와 중무기로 무장하고 하와이 지역을 거의 쉽게 점령한다.

미국의 반격

미국은 중국의 기습 공격을 받은 후 바로 동맹국과 국제 사회에 지원을 요청했다. 그러나 대부분의 동맹국은 외면했다. 이러한 분위기에서 폴란드가 재래식 구형 디젤 잠수함 수 척을 미국에 제공했다.

미국의 저항은 우선 중국군이 점령한 하와이에서 시작되었다. 중국의 기습 공격으로 대부분의 함대와 전투기가 파괴되었지만 해군 함정 한 척이 항구에서 겨우 탈출하는 데 성공했다. 이 해군 함정이 반격의 계기이자 지렛대가 되었다. 투지만만한 함장과 풍부한 작전 경험을 가진 그의 부친 부사관이 주도하여 중국의 공격 함대에 대항한다. 이에 재취역한 퇴역 구축함 줌발트(Zumwalt)호와 구형 해군함들과 함께 폴란드가 제공한 구형 디젤 잠수함들이 가세하여 전자전에 강한 레이저 무기와 레일건으로 중국과의 대규모 해전을 치른다.

또한 중국군에 의해 점령당한 하와이에서도 살아남은 소수의 군 장교와 민간인들이 힘을 합쳐 중국군과 게릴라 전쟁을 벌인다. 모든 움직임과 통신이 감시당하는 환경에서 이들은 현지 지형을 이용해 사투를 벌인다. 이들과 독립적으로 중국 병사들을 암살하고 지휘관까지 폭살시키는 두 명의 젊은 여성 민간 전사들의 활약상도 들어 있다. 전쟁에서 용기와 감투 정신, 애국심, 희생정신과 같은 인간적 요소들의 중요성을 보여 주는 장면들이다.

또한 민간 영역에서도 중국군에 저항하는 세력들이 나온다. 기벽을 가진 백만장자 사업가가 자신의 재정을 들여 중국이 장악한 우주 정거장을 탈환하는 데 성공한다. 또 어나니머스(Anonymous)와 같은 사이버 해커 집단들이 참여하여 사이버 공간에서 미국의 장악력이 다시 회복된다. 실리콘 밸리에서는 중국의 악성 백 도어(back door)가 없는 구형 반도체 칩을 구해서 안전한 무기를 만들려고 노력한다. 예를 들면 장난감이나 가전제품에 들어 있는 조잡한 칩을 모으는 운동이 민간에서 일어난다.

함의와 시사점

우리의 주제인 방위 산업의 측면에서 소설 《유령함대》

의 함의와 시사점을 검토한다. 첫째, 미국이 추진하고 있는 합동 전영역 지휘 통제 체제의 필요성과 취약점을 설득력 있게 보여준다. 통신, 감시, 무기 체계 및 지휘 통제 체제가 합동으로 초연결된 군사 네트워크는 그만큼 유용하지만 또한 근본적인 취약점을 지니고 있다는 것을 생생하게 증언하고 있다.

둘째, 자율무기 체계가 양날의 검이라는 점을 확인할 수 있다. 소설에서는 미국이 해양과 공중 영역에서 최첨단 자율무기를 보유하고 있지만 부품으로 사용한 악성 칩으로 인해 쓸모가 없게 된다. 소설이 쓰인 당시에 중국산 칩의 백 도어(back door) 논쟁이 벌어지고 있었다는 점을 상기해 볼 필요가 있다. 현재 중국산 반도체에 대한 미국의 기술 통제는 안전하고 견실한 공급망의 구축을 위한 노력 중의 하나다.

셋째, 전쟁이 점차 다영역화, 디지털화되어 왔다. 전자의 측면에서는 우주 공간의 중요성을 새삼 확인할 수 있고 후자의 측면에서는 사이버 안보의 중대성을 다시 한번 확인할 수 있다. 사이버 안보 문제는 갈등 관계에 있는 상대의 사이버 무기의 치명성과 전략을 미리 알 수 없다는 점에서 사전 대비가 매우 어렵다.

참고문헌

Graham, A.(2017). *Destined for war: Can America and China escape Thucydides's trap?.* Houghton Mifflin Harcourt. 정혜윤 옮김(2018). 《예정된 전쟁: 미국과 중국의 패권 전쟁, 그리고 한반도의 운명》. 세종.

Singer, P. W. & Cole, A.(2015). *Ghost Fleet: A novel of the next world war.* Houghton Mifflin Harcourt. 원은주 옮김(2018). 《유령함대: 미·중 전쟁 가상 시나리오》 1, 2권. 살림.

03
드론과 자율무기 체계

우크라이나 전쟁을 계기로 세계는 드론 군사 혁명을 겪고 있다. 특히 AI 기반 자율 드론의 진화로 현대 전쟁의 성격과 수행 방법이 크게 변화하고 있다. 특히 대량의 소형 드론으로 창의적인 드론 전술을 구사할 수 있게 되었다. 예로서 많은 수의 드론으로 공격하는 스워밍 전술이 있다. 이런 점에서 수(mass)의 중요성이 다시 전쟁에 들어왔다는 평가가 매우 시사적이다.

인공지능과 편향?

드론과 미국의 국방 정책 혁신

드론 무기가 정규전에서 주력 무기로 본격적으로 사용된 경우는 우크라이나 전쟁이 최초라고 할 수 있다. 그러나 우크라이나 전쟁 훨씬 이전 1990년대 이미 많은 국가가 군용 드론을 개발하기 시작했다. 미국, 중국, 러시아 등 군사 강대국들은 말할 것도 없고 중동 지역에서 이스라엘, 이란과 튀르키예가 일찍이 드론을 개발해 왔다.

우크라이나 전쟁을 계기로 미국은 드론 군사력 증강을 위한 국방 정책 혁신에 본격적으로 나서고 있다. 신임 국방부 장관 헤그세스(P. Hegseth)는 2025년 7월 트럼프 대통령의 행정명령에 따라 '미국의 군용 드론 지배권'을 확보하기 위한 정책을 제시하였다(U.S. Secretary of Defense, 2025). 그는 드론의 군사적 의미를 평가하면서 "군용 드론은 한 세대에 한 번 나올 수 있는 중대한 전장 혁신"이라고 말한다. 그는 드론 군사력의 강화를 위해서 제조 기반 확보, 부대별 소형 드론 배치, 병력의 훈련 체계 확립이 중요하다고 주장했다. 또 이 메모에서 군용 드론의 크기, 용도 등을 구분하는 분류 체계를 제시하고 있다.

미국은 일찍이 드론의 군사적 활용을 중시했다. 1993년 미국의 이라크 침공과 2001년 9 · 11 사태를 겪으면서 미국은 중동 지역에서 군사 드론을 사용하기 시작했다. 2005년에 들어 '무인 항공 체계 발전 로드맵(2005~2030)'을 시작했고 드론 무기를 위한 국방 예산도 증액했다(Scharre, 2017). 2011년 미 국방부는 7000대 정도의 드론을 보유했는데 대부분 소형이었고 MQ-리퍼나 RQ-4 등 대형 드론은 수가 적었다. 이 당시 군용 드론은 대부분 주로 정찰과 감시를 위한 항공 드론이었다. 이후 드론의 용도가 확대되어 육상 드론과 해양 드론을 도입하였다. 바다에서는 드론 수상함은 물론 어뢰정과 같은 수중 드론도 도입했다.

드론은 형태와 크기가 매우 다양하다. 특히 육상 드론은 차량 모양의 드론이 많고 개 모양의 드론도 있다. 이것을 흔히 4족 보행 로봇이라고 부른다. 미국의 MQ-리퍼는 고정익 항공 드론으로 상당히 큰 대형 드론이다. 반면 우크라이나 전쟁에 많이 쓰인 일인칭 시점 드론(FVD)은 소모성 무기로 현재 전장에서 가장 많이 쓰인다. 또 곤충과 같은 극소 드론도 있고 사람의 눈으로는 구분할 수 없는 초극소형도 있다고 한다.

AI 기반 자율 드론의 진화

1990년대 드론은 단순한 소프트웨어로 움직이며 사람이 조작했다. 2010년대 초 시작된 AI 혁명은 드론의 진화를 촉진했다. AI 기반 자율무기의 발전이 급속하게 이루어지고 있다. 군사 기술의 발전 역사에서 자율무기의 출현은 매우 심대한 의미를 띤다. 지금은 AI 군사 혁명의 초입에 있지만 AI 자율무기는 세기 차원에 걸친 혁명적인 변화를 초래할 수 있다.

미 국방부의 지침에 따르면 자율무기는 기계·인간 간 관계에서 세 가지 범주, 즉, 부분 자율성, 감독받는 자율성, 완전 자율성으로 구분된다(U.S. Department of Defense, 2025). 이러한 구분은 의사 결정의 고리, 즉 감지(sense)-결정(decide)-행동(act)에서 인간의 개입 정도에 근거한다. 부분 자율성은 결정과 행동 단계에서 인간이 개입하고, 감독받는 자율성은 기계가 세 단계를 주도하지만 문제가 있을 때 인간이 개입한다. 마지막으로 완전 자율성은 기계가 모든 단계를 스스로 수행한다(조현석, 2018).

현재 대부분의 자율무기는 앞 두 가지 범주에 해당하고 흔히 '킬러 로봇'이라고 말하는 살상용 완전 자율무기(LAWS)는 아직 드물다. 미국을 비롯해 대부분 국가도 살상용 완전 자율무기의 생산과 배치를 정부 정책으로 채택하고 있지 않다. 우크라이나 전쟁에서 사용되는 드론 무기는 기본적으로 첫째와 둘째 범주에 해당한다.

그러나 제한된 자율무기도 강력한 능력이 있다. 이러한 능력은 어디에서 오는가? 학습된 AI 알고리즘을 따라 빠르고 정확하게 전장 데이터를 처리하고 행동(공격)하는 능력에서 나온다. 디지털화, 다영역화된 전장에서 대량의 데이터를 빠르게 분석하고 결정하는 일을 거의 실시간으로 처리한다.

우크라이나 전쟁의 실전 상황에서 드론의 자율성이 크게 향상되었다. 사실 우크라이나 전쟁 초반 드론이 전선에 투입된 병사들에게 큰 피해를 주었다. 보통 드론이 전쟁에서 인명 피해를 줄인다고 말하지만 현실 전장에서는 다르게 나타났다. 왜냐하면 드론을 조종하는 병사들은 상대가 우선하여 타격하는 목표물이 되기 때문이다. 드론 조종 병사들도 자신들을 보호하기 위해서 참호에 숨거나 다양한 방식으로 위장했다. 또 드론은 전자전에 매우 취약했다. 광섬유 드론이 나왔으나 한계가 있었다. 전자전에 의한 재밍(Jamming)을 회피하기 위해서 드론의 자율성 향상이 무엇보다 필요했다. 자율성은 전자파 공격에 노출된 드론이라도 공격의 마지막 단계인 목표를 겨냥하고 타격하는 것을 자율적으로 완료할 수 있게 해 준다. 처음에는 고가의 드론에 이를 적용했으나 점차 소형 드론에도 자율 기능을 부여하고 있다.

자율 드론의 군사적 특성

우선, 전술적으로 자율 드론은 다양한 기능을 수행할 수 있다. 첫째, 탐지 역량이 우수하다. 거의 만능 시각 능력이라고 할 수 있을 정도로 탐지 능력이 우수하고 정확한 상황 인식 역량을 갖추어 적의 위치, 활동, 취약점을 탐지한다. 둘째, 목표물을 정밀하고 정확하게 타격할 수 있고 목표물을 타격한 후에 피해 평가를 할 수 있다. 셋째, 자율 항공 드론은 전자전을 수행하고 통신 중개 플랫폼으로서 통신 기능을 보완하거나 신호정보를 수집할 수 있다. 넷째, 병참 지원의 어려움을 완화할 수 있다. 무인 지상 차량을 이용해 고립되거나 전투 중인 부대에 무기나 물자를 제공할 수 있다(Slusher, 2025).

또한 군용 드론의 중요성이 커짐에 따라 군 전력의 구성 기준이 변화하고 있다. 통상적으로 군 전력은 두 가지로 구분한다. 하나는 고성능, 고가의 무기 체계로 내구성이 중요하며 다른 하나는 탄약이나 탄두와 같이 소비되는 자산이다. 전자를 생존성 자산, 후자를 소모성 자산이라 부른다. 드론의 등장으로 이러한 이분법이 더 세분되고 있다(Slusher, 2025).

드론의 특성을 고려하여 두 범주를 네 범주로 분류한다. 첫째, 소모성 자산은 재래식 탄약과 탄두를 말한다. 둘째, 소모 가능(attritable) 자산은 생존하여 복귀하면 좋지만 파괴되거나 상실되어도 괜찮다. 소형 드론이 이에 해당한다. 셋째, 위험 용인(risk-tolerant) 자산은 생존하면 좋지만 필요할 때 희생되어도 용인된다. 중형급 드론이 이에 해당한다. 넷째, 생존성 자산은 고성능, 고가의 무기 체계를 말하며 대형 자율 드론이 여기에 속한다 (Slusher, 2025). 이러한 새로운 분류법은 최근 미국의 군 전력 정책에도 반영되고 있다.

자율 드론의 산업적, 기술적 특성

자율무기는 통상적인 무기와는 다르다. 단순하고 조잡한 무인 드론도 상당히 복잡한 구조를 띤다. 시스템 통제와 정보 처리 부문(운영 체제와 응용 앱 등), 환경을 탐지하여 데이터를 생성 · 전달하는 센서 부문, 모터나 배터리와 같은 동력원, 폭발 장치 등으로 구성되어 있다. 드론은 단순한 형태는 쉽게 제조할 수 있지만 전략적인 용도의 대형 공격 드론은 매우 복잡하고 정교한 무기다.

소형 드론은 단기간에 저렴한 비용으로 대량 생산이 가능하다. 우크라이나 전쟁에서 위력을 보이는 소형 자폭 드론은 탄약과 같은 소모성 혹은 소모 가능한 자산이다. 우크라이나 전쟁에서 소모되는 소형 드론은 연 생산 규모가 현재 수백만 대다. 소형 드론은 단기간에 업그레이드되며 모듈 방식으로 설계하고 제조함으로써 민간 상용 시장의 부품을 활용할 수 있다. 이렇듯 저렴한 비용으로 신속한 대량 생산이 가능해 소요가 제기되면 신속한 납품이 이루어진다. 고가, 고성능의 기성 전통 무기 체계와는 현저히 다르다.

또한 드론은 하드웨어가 중심이지만 소프트웨어 부문도 중요하다. 전용 소프트웨어를 내장하고 있는 기성 무기 체계와는 달리 드론의 소프트웨어는 범용의 기능을 가지고 있다. 이러한 측면에서 드론은 자율성의 향상 등 업그레이드가 쉽다. 이러한 드론의 특성으로 현대에서 수(mass)의 중요성이 다시 전쟁에 들어왔다는 평가가 있다(Freedman, 2017: chap 22). 대량의 소형 드론을 동원하여 아주 창의적인 방식의 드론 전술을 구사할 수 있게 되었다. 올해 6월 우크라이나 군이 러시아 내륙 깊숙한 곳에 있는 전략 폭격기 배치 공군 기지를 공격한 이른바 '거미집 작전'이 이의 대표적인 예다. 우크라이나가 소형 드론을 대량 생산할 수 있는 방위 산업 기반을 확보함으로써 전통적인 군사 강대국인 러시아의 공세에 무너지지 않고 있다는 사실이 이러한 점을 잘 보여주고 있다.

참고문헌

조현석(2018). "인공지능, 자율무기 체계와 미래 전쟁의 변환". 《21세기정치학회보》, 28(1), 115~138쪽.

Freedman, L.(2017). *The future of war: A history*. Penguin books. 조행복 옮김(2020). 《전쟁의 미래》. 비즈니스북스.

Scharre, P.(2018). *Army of None*. W. W. Norton & Company. 박선령 옮김(2021). 《새로운 전쟁: 인공지능과 로봇은 전쟁을 어떻게 바꿀 것인가?》. 커넥팅.

Slusher, M. N.(2025). Lessons from the Ukraine Conflict: Modern Warfare in the Age of Autonomy, Information, and Resilience. Center for Strategic and International Studies(CSIS). https://www.csis.org/analysis/lessons-ukraine-conflict-modern-warfare-age-autonomy-information-and-resilience

U.S. Department of Defense(2025). Directive on Autonomy in Weapon Systems, Nr. 3000.09 (update version). https://media.defense.gov/2023/Jan/25/2003149928/-1/-1/0/DOD-DIRECTIVE-3000.09-AUTONOMY-IN-WEAPON-SYSTEMS.PDF

U.S. Secretary of Defense(2025.7.10). Memorandum: Unleashing U.S. Military Drone Dominance. https://media.defense.gov/2025/Jul/10/2003752117/-1/-1/1/UNLEASHING-U.S.-MILITARY-DRONE-DOMINANCE.PDF

04
드론과 자율무기 산업 생태계

미국의 군사 드론 산업은 우크라이나 전쟁을 계기로 폭발적으로 성장하고 있다. 1990년대 초부터 대형 드론을 위주로 군사 드론을 개발해 온 기성 방산 기업들에 대항하여 신흥 방산 기술 기업들이 약진하면서 경쟁이 치열해지고 있다. 신흥 방산 기술 기업들은 AI 기업들과 협력하면서 저렴한 비용으로 소형 드론을 대량 생산할 수 있는 사업 모델을 적용하여 새로운 방위 산업을 개척하고 있다.

청각장애인과 AI?

군사 드론에 앞선 미국

미국은 '천조국'의 명성답게 군사 드론에서도 가장 앞서 있는 국가다. 미국은 1990년대 초부터 중동 지역에서 걸프 전쟁을 치르면서 정찰용 군사 드론을 활용하기 시작했다. 2019년 우리나라도 도입한 정찰 드론인 노드롭 그루만(Northrop Gruman)의 글로벌 호크(Global Hawk RQ-4)는 1989년 시험 운행을 하였다. 1990년 미 국방부의 드론 예산은 3억 달러로 추정된다. 미 국방부가 무인항공 체제 로드맵을 시작한 2005년에는 드론 예산이 20억 달러로 증가했다(Scharre, 2018).

2001년 9 · 11 사태 이후 이라크 전쟁과 아프가니스탄 전쟁을 치르면서 당시 미국은 원격으로 제어하는 대형 감시 드론의 운용을 중시했다. 이러한 대형 드론의 조달은 노드롭 그루만, 보잉(Boeing), 제너럴 다이내믹스(General Dynamics)와 같은 기성 거대 방산 기업들이 주도하였다(Scharre, 2018).

기성 방산 기업에 의해 주도된 미국의 군사 드론 산업은 2010년 중반 이후 변혁기를 맞게 된다. 국방 전략의 기조가 '테러와의 전쟁'에서 중국과 러시아와 같은 군사 강대국과의 전략적 경쟁으로 크게 선회했다. 미국은 2015년 AI 등 첨단 기술을 활용하기 위해서 국방부 내 국방혁신단을 설립하고 실리콘 밸리에 사무소를 열었다. AI, 로보틱스, 빅데이터, 사이버 안보 등 첨단 기술 분야의 스타트업을 찾아내 투자하고 국방부와 기술 기업 간 인적 교류를 증진하는 것을 목표로 삼았다.

미국 드론 방위 산업 생태계의 형성

엄격하게 구분하기는 다소 어렵지만 여기에서는 드론 생산 기업들이 생산하는 주력 드론 무기의 크기를 기준으로 삼아 대형 드론, 중형 드론, 소형 드론 분야로 구분하여 서술한다.

첫째, 대형 드론 분야에서는 록히드 마틴 등 5대 원청 기업들이 첨단 센서, 스텔스 기능, AI 자율성 등과 첨단 드론 기술을 개발하였다. 전략적 기능을 수행하는 대형 항공 드론을 우선했지만, 무인 잠수정 등 해군 드론도 개발하였다. 록히드 마틴은 AI 기반 유인 · 무인 복합 체계를 개발하고 있다. 이러한 전략적 항공 드론은 주로 인도-태평양 지역에서 중국군을 견제하고 억제하는 것을 주요 임무로 삼았다.

기타 대기업들도 군사 드론 산업에 진출하고 있다. 이 중에서 텍스트론(Textron)은 무인 항공 드론과 로봇 전투 차량 사업에 투자하고 있으며 블루 워터 오토노미

(Blue Water Autonomy)는 대형 무인 함정을 개발한다. 인도-태평양 지역에서 미사일과 드론을 탑재하고 수천 마일을 항해하여 몇 달간 작전할 수 있다고 한다. 제너럴 아토믹스(General Atomics Aeronautical System)는 일찍이 1990년대부터 공군과 해군용 대형 드론을 생산해 왔다. 공격용 드론인 MQ-9 리퍼(Reaper), 해양 감시 드론인 MQ-9B 시가디언(SeaGurdian), 공중 감시 드론인 MQ-9B 스카이가디언(SkyGuardian)으로 유명하다. 또 공군의 CCA(협력형 무인 전투기) 사업을 두고 안두릴(Anduril Industries)과 경쟁하고 있다. 이 회사의 드론은 고성능 고가의 군사 드론인데 상당히 많은 수를 미군이 운용하고 있으며 여러 국가에 수출되었다. 라이도스(Leidos)는 여러 가지 해군 드론(해상 및 수중 드론 등)을 개발하고 있다. MS와 협력하여 합동 전투에서 지휘관의 의사 결정 지원을 위한 AI 알고리즘을 개발하고 안두릴과 협력하여 드론의 자율성을 강화하고 있다. 이외 클레이토스(Kratos)는 이미 1990년대 중반부터 저렴한 무인 항공기를 개발해 왔다.

둘째, 중형 드론 분야에서는 2022년 미국의 한 투자은행이 선정한 6대 유니콘(매출 10억 달러 이상) 신흥 방산 기술 기업이 주력 기업들이다. 유니콘 신흥 방산 기술 기업인 실드 AI는 AI 소프트웨어인 하이브 마인드(HiveMind)를 미 공군에 공급한다. 실드 AI는 또 2024년 드론 해군 함정에서 작전할 수 있는 자율 드론 V-BAT를 선보였다(Schwarz, 2024). 같은 유니콘 방산 기술 기업인 호크아이 360은 감시용 드론을 생산한다. 에피러스도 유니콘 기업으로 2025년 드론 방어 무기인 지향성 에너지 무기로 주목을 받고 있다. 미군도 중동 지역과 인도-태평양 지역에서 두 차례 실험했다고 알려졌다(Barnes and Schmitt, 2025.7.10).

에어로 바이론먼트(Aero Vironment)는 2024년 공중 부유 무기인 자폭 드론 스위치블레이드 600(Switchblade 600)으로 주목을 받았다. 비교적 넓은 감시 범위와 고성능을 갖추어 우크라이나 전쟁에서 효과가 입증되었다. 해군용 드론이 전문인 사로닉(Saronic)은 인도-태평양 지역 배치를 겨냥하고 소형과 중형의 무인 수상함 미라주(Mirage)를 내놓았다. 특히 스위치블레이드 600은 안두릴의 알티우스-600(Altius-600), 고스트-X(Ghost-X) 무인 항공 드론, 그리고 수중 무인 함정인 다이브-LD(Dive-LD), 퍼포먼스 드론 웍스(Performance Drone Works)의 C-100 무인 항공 드론과 함께 미 국방부가 2023년 시작한 리플리케이터 구상에 선정된 무기 체계다. 참고로 자율성과 지휘 통제 부문을 지원하기 위해서 7곳의 소프트웨어 기업들도 이 구상의 추진에 선정되었다(Sayler, 2025).

셋째, 소형 드론 분야에서도 여러 기업이 활동하고 있다. 소형 군사 드론 시장에서 선두 주자는 안두릴이다. 안두릴은 소형 군사 드론에서 항공, 해양, 지상용을 망라하는 다양한 포트폴리오를 가지고 있다. 또한 안두릴은 AI 소프트웨어 플랫폼 라티스(Lattice)를 가지고 있다. 안두릴은 소형 드론을 생산하기 위해 계획한 애리스널(Arisnal) 시리즈의 제1호 공장(40만㎡, 축구장 56개 넓이)을 오하이오(Ohio)주에 건설하고 있다. 연간 수 천대의 드론을 생산할 수 있는 규모로 알려져 있다.

안두릴은 2024년 대량의 자율 전투기를 활용하는 미 공군의 퓨리(Fury) 사업을 수주했다. 5년간 60억 달러 규모의 계약을 체결해 1000대에 달하는 소모성 저비용 CCA(협력형 무인 전투기)를 개발하는 사업이다. 수주 경쟁에서 거대 방산 기업들을 제쳤다. 안두릴은 또 AI 기업들과 적극적으로 협력을 추진하고 있다. 안두릴의 드론 방어 체계에는 오픈 AI의 AI 모델이 탑재되어 있다. 또 안두릴은 메타의 AI 모델을 활용하여 병사들이 휴대하는 고성능 헬멧을 개발하고 있다.

안두릴은 또한 새로운 사업 모델을 채택하여 미국 방산 시장의 변화를 선도하고 있다. 대량 생산이 필요한 소형 드론의 제조에서 상업 분야 범용 부품을 사용하고 모듈식 제조 방법으로 저렴한 가격과 빠른 납품을 실현한다.

미국의 신흥 방산 기술 기업들도 이러한 사업 모델을 채택해 방산 시장의 변화에 빠르게 적응하고 있다. 우선 무인 항공 드론 부문에서는 미국 국방혁신단과 공동 사업을 하는 존 5 테크놀로지(Zone 5 Technologies)가 있다. 스카이디오(Skydio)는 항공 드론을 개발하였는데 AI의 딥러닝과 컴퓨터 비전을 적용하여 타격 목표 인지 기능을 개선했다. 구글 대표를 지낸 에릭 슈미트도 방산 스타트업 화이트 스토크(White Stork)를 설립하여 AI 군사 드론을 개발한다(AI 타임즈, 2024.6.7).

해군 함정 분야에서 하벅 AI(Havoc AI)는 첨단 센서 기능을 장착한 소형 무인 수상 함정을 개발하였고 미 해군의 구축함과 합동 작전에 참여하였다(중앙일보, 2025.5.5). 세일드론(Saildrone)은 소형 해군 무인 함정을 개발하고 있는데 팔란티어의 소프트웨어를 채택하고 있다. 바튼(Vatn)은 소형 자율 어뢰정을 생산하는데 이를 위한 운용 소프트웨어의 개발은 팔란티어와 협업을 하고 있다.

드론 제조에는 동력 장치와 같은 핵심 부품의 공급망 확보도 매우 중요하다. 로켓 모터 부문에서 방산 기술 기업인 X-보우 시스템즈(X-Bow Systems), 국방혁신단과 다년 계약을 맺은 초음속 무인 항공기 엔진 개발 기업인 헤르머스(Hermeus), 그리고 로켓 엔진을 개발하는 파이어호크 에어로스페이스(Firehawk Aerospace)와 비너스 에어로스페이스(Venus Aerospace) 등이 있다.

신흥 방산 부문에서 AI 토대 모델을 개발하는 AI 기업은 오픈 AI, 안드로픽, MS, 메타가 있다. 이러한 AI 기업들은 드론 제조 기업과 협업을 하고 있다. 또 실드 AI와 같은 군사 AI에 특화된 AI 응용 기업도 있다. 보잉도 AI 기반 무인 전투기 고스트 배트(Ghost Bat)를 개발하면서 AI 기업과 협업하고 있다.

미국 드론 산업의 주요 특성

미국 군사 드론 산업 부문의 특성은 우선, 신흥 방산 시장과 민간 상용 시장이 긴밀하게 연결되어 있다는 점이다. 기성 방위 산업 부문은 전반적으로 민간 시장과 분리되어 있었던 반면 대량 생산이 필요한 소형 드론 부문은 특히 상용 시장과 밀접하게 연결되어 움직였다. 다수의 신흥 방산 기술 기업들은 상용 시장에서도 사업을 영위하고 있다.

둘째, 드론은 기본적으로 하드웨어 무기이지만 구성품 중에 소프트웨어도 중요하다. 드론 기업들은 자체적으로 소프트웨어 부문을 운영하거나 소프트웨어 기업들과 긴밀하게 협업하고 있다. 최근 자율 드론의 중요성이 커져서 AI 기업들과 협력이 점차 확대되고 있다. 이러한 협업은 드론 무기의 특성을 반영한다. 드론 무기의 경우 하드웨어 부분을 그대로 두고 소프트웨어의 개선만으로 성능을 높일 수 있다. 예를 들면 소프트웨어의 개선으로 감시 능력과 타격 능력을 향상할 수 있고 자율 기능을 개선할 수 있다.

셋째, 이러한 점에서 초창기 원격 제어 드론이 AI 기반 자율 드론으로 진화하고 있다. AI의 적용은 큰 비용이 들어 초기에는 고성능, 고가의 대형 전략 드론에 한정되었다. 점차 AI 기술 비용이 감소하여 소형 드론도 자율 기능을 지니게 되었다. 안두릴의 사례처럼 대량 생산을 추진하고 민간 부품들을 활용함으로써 제조 비용을 축소할 수 있다. 이런 연유로 드론 제조 기업, 소프트웨어 기업, 그리고 AI 기업 간 협력은 매우 중요하다.

참고문헌

중앙일보(2025.5.5). "아파치 내치고, 드론 늘린다… 미 육군 '환골탈태' 속내". https://www.joongang.co.kr/article/25333621

AI 타임즈(2024.6.7). "전 구글 CEO 에릭 슈미트, 비밀 AI 군용 드론 벤처 설립". https://www.aitimes.com/news/articleView.html?idxno=160403

Barnes, J. E. & Schmitt, E.(2025.7.10). As drone warfare evolves, Pentagon sees its own vulnerabilities. *New York Times*. https://www.nytimes.com/2025/07/10/us/politics/us-military-drone-technology.html

Sayler, K. M.(2025.8.25). DOD Replicator Initiative: Background and issues for Congress. Congressional Research Service. https://www.congress.gov/crs-product/IF12611

Scharre, P.(2018). *Army of None*. W. W. Norton & Company. 박선령 옮김(2021). 《새로운 전쟁: 인공지능과 로봇은 전쟁을 어떻게 바꿀 것인가?》. 커넥팅.

Schwarz, E.(2024.9.18). Unicorns for uniforms: On the problematic allure of VC investments in defence. *OpnioJuris*. https://opiniojuris.org/2024/09/18/unicorns-for-uniforms-on-the-problematic-allure-of-vc-investments-in-defence/

05
전장 정보 분석 플랫폼과 전술 알고리즘

현대전에서 전장 환경이 다영역화되고 디지털화되고 있다. 전쟁이 육 · 해 · 공 및 우주 공간과 사이버 공간에서 중첩되어 전개되고, 전장에는 인터넷이 깔리고 각종 통신 네트워크가 작동한다. 이러한 전장 환경에서 신속하고 정확한 전장 정보 분석이 전투의 승패를 좌우한다. AI 기반 전장 정보 플랫폼과 전술 알고리즘은 유형 무기 체계의 종속 요소가 아니고 그 자체가 독립적인 군 전력 요소다.

AI 콘텐츠 크리에이터?

승패를 좌우하는 전장 정보 분석

2024년 여름 우크라이나 군대가 우크라이나 북동부 지역에서 멀리 떨어지지 않은 러시아 영토인 쿠르스크(Kursk)를 기습 점령했다. 군사적 의미는 적었으나 상징적인 의미는 대단했다. 푸틴에게 러시아 본토가 점령된 매우 굴욕적인 사건이 되었다. 더욱이 러시아 군은 이 지역에서 우크라이나 군대를 쉽게 몰아내지 못했다.

그런데 2025년 3월 러시아의 탈환 작전이 성공했고 이 지역에서 우크라이나 군의 대부분이 퇴각했다. 결정적인 이유는 며칠간 미국이 우크라이나 군에게 정보 제공을 유보했기 때문이었다. 이 무렵 미국 백악관에서 트럼프 대통령과 젤렌스키 대통령이 크게 충돌한 사건이 벌어졌고 트럼프 대통령은 우크라이나로 향하는 미국의 군사 지원을 잠정 중단했다. 여기에는 러시아 군 동향에 대한 정보 공유의 유보도 포함되었다(이일우, 2025).

어느 시대든 전장 정보는 전투의 승패를 좌우하는 결정적인 요소 중의 하나다. 전장의 디지털화, 다영역화 환경 속에서 군사 빅데이터가 쌓이고 있는 현대전에서는 전장 정보의 중요성은 한층 더 높아지고 있다.

우선, 디지털 기술과 AI의 발전으로 전장의 디지털화가 깊어지고 있다. 전장에도 인터넷이 깔리고 통신 네트워크가 작동한다. 우리가 살아가는 디지털 세상에서 일상생활 그 자체가 데이터를 만들어 내듯이 디지털 환경에서 수행되는 군사 작전과 활동은 그 자체로 많은 데이터를 생성한다. 따라서 이러한 대량의 전장 데이터를 어떻게 효과적으로 수집, 분석하여 군사적 의사 결정과 작전 수행에 활용하느냐 하는 것이 전투의 승패를 좌우하는 관건이 됐다. 이러한 데이터는 다양한 원천에서 생성된다. 여기에는 군사용이나 민간 위성의 이미지 생성, 개인 휴대폰을 포함한 광범위한 통신 네트워크에서 나온 데이터, 감시와 정찰에서 나오는 데이터들, 무기나 다양한 센서에서 파생된 데이터, 사람에 의한 정보 등이 포함된다.

또한 전장이 다영역화되었다. 기존 육 · 해 · 공 영역에 사이버 공간과 우주 공간이 새로운 전투 영역으로 얽히게 되었다. 작은 규모와 범위라도 작전 활동은 기본적으로 모든 영역에 걸쳐서 벌어지게 된다. 대부분의 교전은 사이버 작전을 수반하며 군사 위성의 실시간 작동 아래에서 수행되고 있다.

플랫폼으로 발전하는 전장 정보 분석

패턴 인식에 뛰어난 기계 학습 AI와 자연어 처리에 탁월

한 생성형 AI를 기반으로 전장 정보 분석이 진화하고 있다. 단순한 전장 정보 분석 소프트웨어가 고성능 AI 기반 소프트웨어 플랫폼으로 발전하고 있다. AI 소프트웨어는 학습하는 플랫폼이다. 학습을 통해 지능이 높아지고 적용 범위가 넓어진다. 이 플랫폼에는 다양한 애플리케이션이 연동되어 작동한다. 전장과 전투에서 생성된 대량의 데이터를 수집, 분석하여 군사 기획, 군사적 의사결정, 작전 수행을 효과적으로 지원할 수 있게 되었다. AI 기반 분석 플랫폼은 패턴 인식, 상관관계 파악, 이상징후 포착 등에 뛰어나 한정된 정보를 바탕으로 사람이 분석한 정보가 놓칠 수 있는 부분을 찾아낼 수 있다.

AI 소프트웨어 플랫폼은 전장 정보 분석의 적용 범위를 확대하고 있다. 작전 기획, 군사 작전, 지휘 통제에 더하여 사이버 방어와 작전, 전력의 조정 및 자원 관리, 그리고 병참과 공급망 관리를 포함한다. 우크라이나 전쟁 이전에는 작전 및 지휘 통제 분야와 이외 분야가 별도로 관리되었는데 현대에 와서는 이러한 요소들이 플랫폼에 통합되어 관리되고 있다.

이러한 전장 정보 분석 플랫폼의 발전은 미국 신흥 방위 기술 기업들의 시장 경쟁력의 원천이다. 소프트웨어 아키텍처의 지배를 통해서 선도 기업들이 플랫폼의 네트워크 효과와 잠김 효과를 누리고 시장 경쟁에서 선도적 지위를 강화할 수 있기 때문이다. 또한 전장 정보 분석은 전투 현장의 실시간 데이터에 의해서 부단히 업데이트될 필요가 있다. 미국의 대표적인 신흥 방위 기술 기업인 팔란티어가 우크라이나 전쟁이 발발하자마자 키이우를 방문하여 자사의 전장 정보 분석 소프트웨어를 소개한 이유도 여기에 있다. 우크라이나 전쟁은 AI 분석 플랫폼을 실전 데이터로 학습시킬 수 있는 절호의 기회이기 때문이다.

전장 정보 분석 플랫폼은 여전히 한계를 지니고 있다. 아직은 데이터 스트리밍을 토대로 실시간 분석과 행동이 이루어지는 단계는 아니다. 또 AI 시스템의 분석 결과는 편향, 오류, 부정확성을 보인다. AI 모델은 기본적으로 기존 전장 데이터로 학습되기 때문이다. 또한 편향이나 오류와 같은 부정적인 요소와는 달리 전장 환경이나 상황적 맥락이 다른 경우에도 전장 정보 분석 소프트웨어는 성능 발휘에 한계를 보인다는 점을 주의할 필요가 있다. 다시 말하면 특정한 전장 환경과 상황에 맞추어 학습된 AI 소프트웨어는 다른 맥락에 사용되기에 부적합하다는 것이다. 따라서 전역이나 전장 환경이 다른 경우에는 기존 분석 플랫폼의 개선과 업데이트가 필요하다고 볼 수 있다. 이러한 측면에서 하드웨어 무기 체계와는 다른 소프트웨어 무기 체계의 이러한 특성을 이해하는 것이 매우 중요하다.

전술 알고리즘: 유인·무인 복합 체계의 운용 및 자율무기 스워밍 작전

우크라이나 전쟁은 여러 가지 역사적인 기록을 쓰고 있다. 그중 하나가 '최초의 AI 전쟁(The First AI War)'이라는 말이다(Bergengruen, 2024.2.8). 여기에서 AI 전쟁의 표현은 몇 가지 의미를 띤다. 첫째, 전쟁 당사국 간에 완전 자율 로봇들을 주력 부대로 동원하여 싸우는 전쟁이라는 의미다. 둘째, AI 자율무기와 유인 시스템이 다양한 방식으로 결합하는 유인 · 무인 복합 체계가 점차 중심 전력이 되고 있다는 의미다. 셋째, 많은 수의 자율 드론으로 전개하는 스워밍 전술을 사용한다는 의미다. 첫 번째 의미의 AI 전쟁은 아직 먼 미래에 속하지만 둘째와 셋째 의미의 AI 전쟁은 부분적으로 이미 현실에서 일어나고 있다. 유인 · 무인 복합 체계의 개발과 자율 드론 스워밍 전술이 점차 발전하고 있다. 전술 알고리즘은 복합 체계의 운용과 스워밍 작전을 수행하는 필수적인 자산이다. 전술 알고리즘의 핵심인 소프트웨어는 개방적

아키텍처와 표준을 채택함으로써 드론과 같은 다양한 자율무기 체계와의 호환성과 상호 운용성을 높이고 있다. 또 전술 알고리즘은 AI 토대 모델을 활용하여 점점 지능과 적응성을 높이고 있다.

첫째, 유인 · 무인 복합 체계는 여러 가지 유형이 개발되고 있다. 미국에서 공군이 가장 앞서고 있다. 미 공군에서는 고가의 유인 전투기를 플랫폼으로 하여 많은 수의 무인 전투기를 거느리는 유인 · 무인 복합 체계를 다양하게 실험하고 있다. 미 공군의 CCA(협력형 무인 전투기) 사업이 대표적인 예다. 해군과 육군도 이러한 복합 체계를 도입하는 데 상당한 노력을 기울이고 있다.

유인 · 무인 복합 체계의 개발 노력에서 중요한 점은 복합 체계의 개발과 운용이 하드웨어 무기가 아니라 소프트웨어 중심으로 이루어지고 있다는 점이다. 개별 자율무기 체계 전용의 전술 알고리즘을 개발하는 것이 아니라 여러 자율무기에 두루 적용되고 이러한 무기 체계들을 통합 운용할 수 있는 개방적인 소프트웨어 아키텍처를 개발하는 방향으로 나아가고 있다. 전쟁의 다영역화 추세도 이러한 범용 알고리즘의 활용을 촉진하는 요인이 되고 있다.

둘째, 전술 알고리즘은 많은 수의 드론을 동원하는 스

워밍 작전을 가능하게 한다. 아직 대부분 국가는 고성능, 다기능을 수행하는 적은 수의 고비용 무기 체계를 주력으로 운용하고 있다. 예를 들어 F-35 전투기나 이지스 구축함 등이 대표적이다. 그러나 많은 수의 소규모 자율무기(무인 전투기나 함정)를 활용하는 스워밍 전술의 중요성이 날로 증가하고 있다. 고비용 무기 체계는 집중적 통신과 지휘 통제, 분산된 화력의 특징을 가지고 있다. 반면 드론 스워밍 전술은 지휘 통제와 통신의 탈집중화가 가능하고 화력을 집중할 수 있다. 또 스워밍에 참여하는 수많은 자율 체계가 보급과 통신 그리고 전투 수행에서 탈중심적인 방식으로 자기 조직화된 결정과 행동을 할 수 있다는 것이 장점이다(조현석, 2018). 더욱이 스워밍에 동원되는 자율 체계들은 저렴한 소모성 무기라서 많은 수를 운용하여 파괴력을 높일 수 있다는 것이 큰 장점이다.

전장 정보 분석 플랫폼과 전술 알고리즘은 이제 군 전력 구조와 작전 수행에 독립적 요소가 되었다. 눈에 보이는 유형적 무기 체계 못지않게 중요한 군사 전략적 자산이다. 따라서 군 지도층에서나 민간 방위 산업 부문에서 이러한 점에 대한 인식과 심리 구조의 변화가 필요하다.

마지막으로 소프트웨어 무기 체계의 유용성에도 불구

하고 또한 중요한 것은 소프트웨어는 무기 체계의 기본적인 취약점의 핵심 요소라는 점도 인식해야 한다. 소프트웨어 체계는 사이버 해킹, 전자전, EMP 공격, 바이러스 오염, 허위 정보 등 다양한 형태의 공격에 매우 취약하다(Freedman, 2017: chap. 22). 따라서 이에 대한 예방과 대응도 매우 중요하다.

참고문헌

이일우(2025.3.25). "우크라이나가 쿠르스크에서 무너진 이유… 미국의 가공할 정보 능력". 《한국일보》. https://www.hankookilbo.com/News/Read/A2025032414380004708

조현석(2018). "인공지능, 자율무기 체계와 미래 전쟁의 변환". 《21세기정치학회보》, 28(1), 115~138쪽.

Bergengruen, V.(2024.2.8). How tech giants turned Ukraine into an AI War lab. *Time.* https://time.com/6691662/ai-ukraine-war-palantir/

Freedman, L.(2017). *The future of war: A history.* Penguin books. 조행복 옮김(2020). 《전쟁의 미래》. 비즈니스북스.

Hoijtink, M. & van der Kist, J.(2025.2.11). Platforms on the Frontline: The Rise of the Platform Model in Defense Tech. *OpnioJuris.* https://opiniojuris.org/2025/02/11/platforms-on-the-frontline-the-rise-of-the-platform-model-in-defense-tech/

06
전장 정보 분석 플랫폼 산업 생태계

미국 신흥 방위 산업의 새로움과 특성은 전장 정보 분석 플랫폼과 전술 알고리즘 부문 기술 기업들이 방위 산업 시장에 진입하여 성장하고 있다는 점이다. 현대전에서 드론과 같은 하드웨어 무기 못지않게 AI 기반 군사 소프트웨어도 중요하다는 점을 반영하고 있다. 군사 소프트웨어 분야의 많은 방산 기술 기업들은 방산 시장은 물론 경쟁이 치열한 상용 시장에서도 사업을 운영하고 있다.

AI와 민주주의?

미국의 신흥 방산 시장에서 전장 정보 분석과 전술 알고리즘 부문은 드론과 자율무기 부문처럼 아주 눈에 띄게 주목을 받고 있다. 왜냐하면 이 부문은 미국 IT 산업계의 전통적인 강점이자 경쟁력 기반인 민간 상용 시장의 소프트웨어 산업을 잘 이용하고 있기 때문이다.

전장 정보 분석 부문은 미국 신흥 방위 산업의 특성을 가장 잘 보여 주고 있다. 첫째, 무기 체계 전반에 걸쳐 AI와 알고리즘의 중요성을 가장 보여 주고 있는 부문이다. 둘째, 미국의 민간 IT 및 AI 시장과 가장 밀접한 관계를 맺고 있는 분야가 또한 이 부문이다. 셋째, 중소 규모의 신흥 방산 기술 기업이 AI 기업과 서로 협력하면서 산업 생태계의 경쟁력과 역동성을 키워나가고 있다.

전장 정보 분석 플랫폼 부문

이 부문에서는 대기업은 물론 중소 방산 기술 기업들도 활동하고 있다. 우선 대기업 부문을 보면 라이도스는 포춘(Fourtune) 500대 기업에 들어가는 대기업이다. 극초음속 무기나 자율무기 체계도 생산하지만, MS와 제휴하여 전장 정보 분석 플랫폼을 개발한다. 라이도스가 개발한 AI 기반 전장 관리 시스템인 알파 모자익(Alpha Mosaic)은 다수의 항공기와 지상 무기 체계들이 관여하는 복합적 전투 상황에서 신속 정확한 군사적 의사 결정을 지원하고 적을 탐지하여 공격하는 것을 가능하게 한다. 관여하는 여러 전투 부대의 다양한 역할 수행에 맞추어 개별 AI 행위체의 지원을 가능케 하는 분산 시스템의 특성이 있다.

부즈 앨런 해밀턴(Booz Allen Hamilton)은 전투 현장에서 전술적 우위를 확보하기 위한 전장 정보 분석 플랫폼을 내놓았다. 이것은 메타의 생성형 AI를 기반으로 하고 있다. 두 기업은 상업 분야에서도 협업하고 있다. 롬버스 파워(Rhombus Power)가 내놓은 정보 분석 플랫폼인 가디언(Guardian)은 분쟁 예측과 전략적 판단을 지원하기 위해 개발된 AI 소프트웨어 플랫폼이다. 2021년 10월 러시아의 우크라이나 침공을 4개월 전에 예측한 바 있다고 평가받았다(중앙일보, 2025.6.21).

이 분야 중소 규모 방산 기술 기업 중에 팔란티어가 가장 앞서 있다. 우크라이나 전쟁에서 팔란티어의 활약은 잘 알려져 있다. 우크라이나 전쟁 초반부터 AI 기반 전장 정보 분석 소프트웨어를 우크라이나 군에 제공하였다. 이러한 지원에 힘입어 우크라이나 군은 초반 러시아 군의 대대적인 공세를 저지할 수 있었다. 팔란티어는 우크라이나 군의 대대급 부대마다 소프트웨어 엔지니어 1명

씩 배치하여 부대원들과 협력하도록 했다. 이러한 협력은 팔란티어로서는 실전 현장에서 얻은 전장 데이터로 분석 플랫폼을 개선하는 귀중한 기회가 되었다(Bergengruen, 2024).

또한 팔란티어가 개발한 '메타 콘스텔레이션(Meta Constellation)' 프로그램은 수백 기의 상업용 위성 정보를 분석해 공격 대상을 식별할 수 있다. 이 프로그램을 활용하면 통상 6시간이 걸리던 표적 식별이 불과 2, 3분밖에 걸리지 않는다. 표적 식별에 이어 공격 목표의 우선순위를 정하고 최적 무기를 제안한 뒤 이 무기를 활용한 공격 결과에 대한 피드백까지 받을 수 있다. 팔란티어의 소프트웨어 플랫폼은 전장 정보의 처리 외에도 전쟁 범죄 탐지, 지뢰 매립 지역 탐지 및 제거, 피난민 이동 데이터 분석, 부패 행위 적발 등에 사용되었다(송승종, 2025.8.5).

스케일 AI(Scale AI)는 2025년 3월 미 국방부와 선더포지(Thunderforge) 프로젝트 사업 계약을 체결했다. 이것은 AI가 대규모 군사 데이터를 분석하고 군 지휘관에게 작전을 제안하는 AI 전술 알고리즘이다. 이 사업에는 MS와 안두릴도 참여한다(조선일보, 2025.3.23).

안두릴은 드론 제조가 주력 분야지만 군용 소프트웨

어 사업도 겸하고 있다. 드론의 자율적 작전 수행과 위협 탐지 능력을 향상하기 위해 AI 기반 전장 정보 분석 소프트웨어인 라티스(Lattice)를 보유하고 있다. 또, 카오스 산업(Chaos Industry)의 전장 정보 분석 소프트웨어 플랫폼인 히드라(HYDRA)도 범용 분석 소프트웨어 플랫폼에 속한다. 이 소프트웨어 플랫폼은 용도와 상황에 맞게 규모 조정이 가능하며 육상, 해상, 공중 공간에서 다양하게 적용된다고 한다.

전술 알고리즘 부문

전통적인 전투에서 병사나 지휘관들은 전술을 숙지하고 전장 정보를 분석하여 자신의 역할과 권한을 이행한다. 비유를 아주 단순화하면 인간 지휘관과 대비해 AI 기반 전술 알고리즘은 AI 지휘관이라고 부를 수 있다. 아직은 현실의 전장 환경에서 AI 지휘관은 그 역할이 상당히 제한된다. 이러한 제한 속에서 현실적으로 AI 지휘관의 역할을 세 가지 유형으로 구분할 수 있다.

첫째, 개별 자율무기를 움직이는 전술 알고리즘을 생각할 수 있다. 무인 전투기를 움직이는 AI 조종사가 이 유형에 속한다. 둘째, 유인 · 무인 복합 체계를 움직이는 협력적 전술 알고리즘이 있다. 한 척의 유인 구축함이 전술 알고리즘을 기반으로 다수의 무인 함정과 협력적으로 작전을 수행할 수 있다. 셋째, 아주 많은 수의 무인 체제가 스스로 스워밍 방식으로 움직이면서 작전을 수행할 수 있다. 일종의 분산적 알고리즘이 작동한다고 볼 수 있다.

우선, 대기업인 L3 해리스는 대량의 드론 스워밍을 관리하는 AI 전술 알고리즘을 보유하고 있다. 또, 팔란티어는 전술 알고리즘 부문에서 여러 사업을 벌이고 있다. 2025년 팔란티어는 바튼(Vatn)이 개발 중인 소형 수중 자율 어뢰정의 스워밍 작전에 필요한 전술 알고리즘을 이 회사에 제공하고 있다. 또 2024년 우리나라 기업 HD 현대와 함께 정찰용 무인 수상정 공동 개발을 진행하고 있다. 이 사업에서 팔란티어는 알고리즘의 개발을 담당하고 있다.

팔란티어는 안두릴과 협업하여 2025년 3월 미 육군과 1억 7800만 달러 규모의 AI 기반 타이탄(Tactical Intelligence Targeting Access Node) 사업을 계약했다. 타이탄은 다양한 센서로 전장 데이터를 수집, 분석한 다음 실시간으로 병사들에게 전술 정보를 제공하는 전투 지휘 차량이다(양현상, 2025.5.13). 이 사업에는 기성 방산 기업인 노드롭 그루먼과 L3 해리스(L3 Harris)도 참여한다.

또 팔란티어는 AI 토대 모델 기업과도 협력하고 있다. 오픈 AI의 대항마로 꼽히는 AI 기업 안드로픽은 방산 기술 기업인 팔란티어와 손잡고 자사의 AI 모델을 미군이 사용할 수 있도록 제공하겠다고 발표했다(조선일보, 2025. 6.2).

안두릴은 L3 해리스, 스웜 에어로(Swarm Aero)와 함께 드론 스워밍 소프트웨어를 개발하는 사업에도 참여하고 있다. 이 사업은 미 국방부가 대량의 소형 드론 확보를 위해 2023년 시작한 리플리케이터 구상의 2단계 사업의 한 부분이다(Tucker, 2024.11.20).

유니콘 방산 기술 기업 실드 AI는 자율 드론을 움직이는 AI 소프트웨어 플랫폼인 하이브 마인드(Hivemind)를 내놓았다(Schwarz, 2024). 이것은 GPS 거부 환경에서 장거리 자율 드론의 정보 감시 정찰 능력을 유지하는 것을 가능하게 하며, 무인 전투기를 조종하는 일종의 AI 조종사의 기능을 수행한다. 2024년 6월 우리나라 독도함에서 AI 소프트웨어 하이브 마인드를 탑재한 무인 드론 V-Bat의 수직 이착륙을 시험한 적이 있다.

이 외에도 군사 AI 소프트웨어 분야에서 구성품을 개발하는 전문 기업들도 다수 있다. 레오나르도 DRS (Leonardo DRS)는 군용 무인 차량에 탑재되는 소프트웨어 플랫폼용 고성능 AI 프로세서를 개발하고 있다. 이 회사는 이탈리아 방산 대기업 레오나르도의 자회사이지만 미국 방산 시장에서 활동하고 있다. DAC(Decisive Analytics Corporation)는 정보 분석과 전자전에 사용되는 앱을 구동하는 기계 학습 AI 시스템을 개발한다. 유니콘 기업 리벨리언 디펜스는 군 지휘 체계와 자율무기에 AI를 통합하는 데 초점을 두고 있는 기업이다. 어플라이드 인튜이션(Applied Intuition)은 자율주행 차량 및 첨단 운전자 보조 시스템에 쓰이는 AI 기반 소프트웨어를 개발하는 기술 기업이다. 클라리파이(Clarifai)는 컴퓨터 시각과 자연어 처리 AI에 기반해 이미지와 영상 분석 서비스를 제공한다. 클리어 뷰(Clearview AI)는 얼굴 인식에 특화한 AI 응용 기업으로 얼굴 인식 AI 플랫폼과 데이터베이스를 운영하고 있다. 군사 분야뿐만 아니라 일반 정부 부처, 공공 안전, 사법 분야에서도 관련 서비스를 제공하고 있다.

전장 정보 분석과 전술 알고리즘 부문의 신흥 방위 산업 생태계의 특징 중의 하나는 방산 시장과 상용 시장이 밀접하게 연결되어 있다는 점이다. 방산 기술 기업은 대부분 상용 시장에서도 사업을 영위하고 있다. 이러한 특징은 AI나 소프트웨어 기술은 기본적으로 양용 기술이고 상용 시장이 방위 산업 부문보다 훨씬 앞서 있다는 점에서 비롯된다. 또 다른 특징은 AI가 매우 빠르게 이 분야에 적용되고 통합되고 있다는 사실이다. 방산 기술 기업과 AI 기업 간 협업이 활발하게 이루어지고 있다.

참고문헌

송승종(2025.8.5). “실리콘 밸리 DNA, 美 국가안보 최전선에 서다”. 《신동아》.
https://shindonga.donga.com/inter/article/all/13/5765635/1

양현상(2025.5.13). “21세기 전장의 게임 체인저, 미국의 AI 기반 무기 체계”. 《AI타임즈》.
https://www.aitimes.com/news/articleView.html?idxno=170391

조선일보(2025.6.2). “전쟁도 AI 시대… 메타·오픈AI 방산업 진출 속도”.
https://biz.chosun.com/it-science/ict/2025/06/02/JMIGATPOXNA7ZNMMF3KU642YRE/

중앙일보(2025.6.21). “러 침공 넉 달 전 예측한 AI, 이젠 사람 생각 훔치는 경지 왔다”.
https://www.joongang.co.kr/article/25345475

Bergengruen, V.(2024.2.8). How tech giants turned Ukraine into an AI War lab. *Time.*
https://time.com/6691662/ai-ukraine-war-palantir/

Schwarz, E.(2024.9.18). Unicorns for uniforms: On the problematic allure of VC investments in defence. *OpnioJuris.*
https://opiniojuris.org/2024/09/18/unicorns-for-uniforms

-on-the-problematic-allure-of-vc-investments-in-defence/

Tucker, P.(2024.11.20). DIU orders software to drive massive drone swarms. *Defense One.* https://www.defenseone.com/defense-systems/2024/11/diu-announces-software-awards-ai-enabled-drone-swarms/401197/

07
글로벌 지휘 통제시스템

전장의 디지털화와 다영역에 걸친 전투의 보편화로 인해 거의 필연적으로 글로벌 범위의 지휘 통제 구조가 필요하게 되었다. 미 국방부가 추진하는 합동 전영역 지휘 통제(JADC2) 사업은 그 개념은 매우 혁신적이나 추진은 점진주의적이고 참여적인 접근 방법을 취하고 있다.

AI와 애니메이션?

전쟁의 디지털화와 다영역화로 인해 거의 필연적으로 글로벌 범위의 지휘 통제 구조가 필요하게 되었다. 소대 규모의 작은 전투라도 전쟁 수행은 모든 영역에 걸쳐서 이루어지게 된다. 중국과 러시아 등 다른 군사 강대국에 맞서기 위해서 미 국방부는 오랫동안 지휘 통제 구조의 현대화를 고심해 왔다. 2019년부터 논의해 온 합동 전영역 지휘 통제(Joint All Domain Command and Control, JADC2) 구상이 바로 이것이다.

좀 더 구체적으로 JADC2 개념이 나온 배경을 살펴보면 첫째, 대부분의 부대가 많은 수의 목표를 식별하고 행동을 취할 때 충분하고 신뢰할 수 있는 데이터에 접근하지 못한다는 우려가 컸다. 둘째, 개별 부대들이 시스템이나 조직에 걸쳐 대량의 데이터를 공유할 필요성을 고려하지 못하고 각각 자신들의 개별 능력들을 따로 발전시켜 왔다고 우려되었다(U.S. GAO, 2025.4.8).

미국의 육·해·공군, 해병대와 우주군까지 참여

지휘 통제 구조는 2차 세계 대전 시기 평면 구조에서 냉전 시기 입체 구조로, 21세기에는 중첩적인 입체 구조를 여럿 포함하는 복합 구조로 진화했다. 전쟁의 모든 영역이 겹치고 여러 군과 부대나 무기 체계가 관여하는 복합 구조의 운영은 위계적이고 중앙 집중적인 하드웨어 중심이 아닌 보다 유연하고 강력한 AI 소프트웨어에 기반을 둔 수평적이고 탈집중적이며 분산적인 운영 구조가 요구된다. 소프트웨어 중심적인 지휘 통제 구조는 또한 데이터 공유를 수월히 하고 무기 체계의 호환성과 상호 운용성을 향상하는 데 기여한다.

JADC2는 미 국방부가 육·해·공군, 해병대와 우주군 등 미국의 모든 군이 운용하는 센서들을 단일 네트워크로 연결하려는 개념이다. 전통적으로 개별 군들은 각각 자신들의 전투 네트워크를 개발해 왔다. 각 군의 개별 네트워크는 호환성이 부족하여 필요할 때 서로 연결하기가 어려웠다. 미 국방부는 JADC2를 통해서 모든 군들의 다양하고 수많은 센서를 무기 체계와 연결하는 사물 인터넷을 창출하는 것은 물론 AI 알고리즘을 활용하여 의사 결정을 혁신하려는 개념적 비전을 제시하고 있다 (Hoehn, 2022.1.21).

지휘 통제는 전쟁에서 가장 중요한 의사 결정 체계다. 전통적으로 지휘 통제는 각 군이 거의 독립적으로 운영하였고 이를 서로 연결하려는 노력은 별로 없었다. 다영역 작전은 예외적인 일로 인식되었다. 또한 군 조직의 특성상 위계적, 중앙 집권적 구조를 보였고 하드웨어 체계가 중시되었다.

이와는 달리 JADC2 개념은 무엇보다 전통적인 지휘 통제 체계의 이러한 한계를 개선하려는 인식에서 출발한다. 우선, 이 개념은 현대전이 점차 모든 전쟁 영역에 걸쳐서 수행되며 가능한 모든 군들이 참여하는 방식으로 이루어진다는 인식을 바탕으로 하고 있다. 또한 이 개념은 분산적이고 탈집중적인 조직 원리를 채택하고, 기술 수단의 측면에서 AI를 활용하는 소프트웨어 중심적인 접근법을 취한다. 이것은 단순한 의사 결정 체계가 아니라 각종 센서, 무기 체계, 인적 요소들을 빈틈없이 연결하여 작동하는 복합적인 전투 네트워크를 지향한다.

목표는 전투 능력의 창출

JADC2는 육해공과 우주 및 사이버 공간을 포함하는 전쟁의 모든 영역에 걸쳐서 또 작전의 모든 수준과 단계에서 해당 군부대들이 서로 협력해서 목표 대상을 감지, 결정, 타격할 수 있는 전투 능력을 창출하는 것을 목표로 한다(U.S. Department of Defense, 2022.3.17). 2022년부터 이러한 합동 작전 훈련에 미군뿐만 아니라 동맹 국가들과 파트너 국가들의 군부대도 참여하는 것으로 발전했다. 이런 점을 반영해서 2023년에 들어 JADC2를

CJADC2(연합 합동 전영역 지휘 통제)라고 지칭하기 시작했다.

JADC2 개념은 2010년대 중반 이후 점차로 격화되어 온 미국, 중국, 러시아 등 군사 강대국 간 전략적 경쟁을 반영한다. 2000년대에 들어 '테러와의 전쟁'에 집중했던 미국은 2010년대 중반 이후 중국과 러시아의 공세적인 군사력 증강과 지정학적 위협에 직면했다. 특히 인도-태평양 지역에서 미국의 함정과 항공기를 공격할 수 있는 강력한 장거리 미사일을 개발하고 있는 중국을 억제하는 것이 매우 중요해졌다. 미 국방부는 2018년 국방 전략에 토대를 두고 지휘 통제 체계의 통합과 혁신을 추진하게 되었다(Hoehn, 2022.1.21).

미 국방부의 JADC2 구상은 개념의 혁신적 성격과는 달리 현실적인 실현을 위해서는 점진주의적이고 참여적인 접근법을 취하고 있다. 다양한 집행 조직들을 감독하기 위해 2022년에 합동실무반이 출범했다. 합동참모본부의 J-6 부참모와 국방부 CDAO(Chief Digital and AI Office)가 공동 책임을 맡았다. 여기에는 국방부 본부 조직, 각 군을 비롯해 국가지리공간정보국(NGIA)이나 국가정찰처(NRO) 등 국방 정보 기구도 참여한다.

무엇보다 각 참여 조직 중에서 육군, 해군, 공군은 기술 표준을 주도하기 위한 경쟁을 벌이고 있다(Economist, 2021.1.9). 육군의 '프로젝트 융합(Project Convergence)'은 데이터와 통신을 효과적으로 사용함으로써 넓은 범위에 걸쳐서 신속하게 결정을 연결하여 전투의 성공을 달성하는 데 초점을 맞추고 있다. 해군의 '프로젝트 오버매치(Project Overmatch)'는 잠수함, 해상 함정들, 항공기와 위성들을 망라하는 전투 네트워크를 활용하고 있다. 미 공군의 첨단전투관리시스템(ABMS)은 전투 네트워크로서 공군이 지구 전체에 걸쳐서 작전할 수 있는 능력을 잘 활용하고 있다. 공군은 우주군과 통합을 시도하고 있으며 서로 다른 통신 체계 사이에서 데이터를 번역하고 연결하는 시스템을 지향한다는 점에서 상당한 장점을 보인다(Economist, 2021.1.9).

우버 승차 모델의 유추로 본 JADC2의 특성

미 국방부가 추진하는 JADC2는 이제 개념의 단계에서 조금씩 진전하고 있다. 그러나 JADC2의 개념을 실현하는 과정은 너무나 복잡하고 어려워 궁극적으로 어떤 구조와 과정의 모습을 띨지는 아직 예측하기 어렵다. 그래서 미 국방부는 JADC2의 완료 상태를 보여 주는 하나의 유추로 우버(Uber) 승차 모델을 제시한다.

우버는 두 개의 앱, 즉 하나는 운전자용, 다른 하나는 승객용 앱을 결합하여 운영한다. 이 두 사용자 측의 위치를 이용하여 우버 알고리즘은 거리, 운행 시간, 그리고 승객 등 세 가지 중요 변인들에 기반하여 최적 매치를 결정한다. JADC2의 경우에 이 논리는 주어진 목표를 공격할 수 있는 최적 플랫폼이나 떠오르는 위협을 다룰 수 있는 최상의 부대를 찾는 것을 의미한다(Hoehn, 2022. 1.21).

우버 사례는 무엇보다 거대한 정보 네트워크를 바탕으로 한 연결성이 얼마나 중요한지를 잘 보여 준다. 오늘날 현대전은 이러한 거대한 정보 네트워크에서 수행된다. 정보 네트워크는 지구를 넘어 우주 공간까지 포함하는 범위로 펼쳐져 있고 다양한 조직과 이질적인 기계(사물)가 다양한 방식으로 연결되어 있다. 가히 초연결성이라 부를 만하다.

JADC2는 기본적으로 '센서에서 사격 장치까지' 연결하는 것을 바탕에 두고 있다. 이러한 연결에서 중요한 것은 실시간 연결이다. 현재 전장 환경에서 아직 실시간 연결이 필수적인 것은 아니나 앞으로는 이러한 실시간의 필요성과 압박이 더 커질 것은 분명하다. 전투 네트워크에서 연결은 각종 부대 사이 (수평적인) 데이터 링크와 공유에 의해서 이루어진다. 다양한 센서에서 수집되는 대량의 데이터를 감지, 분별하고 행동(타격)에 이르는 과정에서 효율성과 효과성을 확보하는 것이 중요하다. 예를 들어 각 군이 관리하는 각종 센서 데이터의 공유가 핵심적인 과제가 된다. 전쟁에서는 이러한 데이터 활동은 상대가 있고 상대가 다양한 방식으로 방해하는 적대적인 환경 속에서 이루어진다.

마지막으로, JADC2 구상의 과제를 미국 방위 산업의 측면에서 살펴본다. 우선, 국방 획득의 측면에서 성공적인 합동 지휘 통제 플랫폼의 구축과 운용을 위해서 군 구성 단위 간 무기 체계나 통신 체계의 호환성과 상호 운용성을 개선하는 일이 필요하다. 또한 데이터 처리와 공유를 위한 표준과 지침의 수립도 필요하다. 각종 센서를 통해 수집되는 비정형 데이터를 정형 데이터로 변환하기 위해서는 데이터 구조와 포맷 방식의 표준화를 통한 데이터 융합을 달성해야 한다. 더 나아가 범 국방부 수준에서 군사 클라우드나 데이터 저장소 같은 데이터 인프라를 구축하고 활용하기 위한 전략도 강구해야 한다. 마지막으로, 민간 시장에서 성공적으로 적용되는 모듈화된 표준 부품의 사용과 개방 아키텍처의 채택도 과감히 수용할 필요가 있다.

참고문헌

Economist(2021.1.9). America's approach to command and control goes peer to peer. https://www.economist.com/science-and-technology/2021/01/09/americas-approach-to-command-and-control-goes-peer-to-peer

Hoehn, J. R.(2022.1.21). Joint All-Domain Command and Control: background and issues for Congress(CRS Report R46725). Congressional Research Service. https://www.congress.gov/crs-product/R46725

U.S. Department of Defense(2022.3.17). Summery of the Joint All-Domain Command & Control(JADC2) Strategy. https://media.defense.gov/2022/Mar/17/2002958406/-1/-1/1/SUMMARY-OF-THE-JOINT-ALL-DOMAIN-COMMAND-AND-CONTROL-STRATEGY.pdf

U.S. Government Accountability Office(2025.4.8). Defense command and control: Further progress hinges on establishing a comprehensive framework. Report to congressional committees.

08
글로벌 지휘 통제시스템 산업 생태계

미국의 JAMC2(합동 전영역 지휘 통제) 구상은 미국의 전체 방위 산업계 대부분이 참여하는 대규모, 장기 프로그램이다. 기성 방산 대기업뿐만 아니라 아마존, MS, 구글 등 클라우드 컴퓨팅 기업들도 참여한다. 또 안드로픽이나 오픈 AI 등 AI 모델 기업들과 중소 규모 신흥 방산 기술 기업과 스타트업의 참여도 매우 활발하다.

AI와 인재 채용?

JADC2(합동 전영역 지휘 통제) 프로그램은 규모가 아주 크고 복합적으로 구성되어 있다. 육·해·공과 우주군 등 미국의 모든 군과 중요 군사 정보 조직이 참여하고 있으며 특히 육군(프로젝트 융합), 해군(프로젝트 오버 매치), 공군(첨단 전투 관리시스템)은 무엇보다 자 군의 지휘 통제시스템의 표준(기술, 데이터 포맷 등)과 구성 요소가 우선 반영될 수 있도록 경쟁을 벌이고 있다. 또 이 프로그램은 점진적으로 진행되고 있어서 구성 요소나 층위 별로 많은 기업이 사업 계약 참여를 위해서 치열한 경쟁을 벌이고 있다. 따라서 미국의 방위 산업 분야에서 모든 종류의 기업들이 빠지지 않고 참여하고 있다. 아직은 수가 적지만 미국 동맹국의 방산 기업들도 참여하고 있으며 점차 증가할 것으로 예상된다.

방산 대기업들의 참여

우선, 기존의 원청 방산 대기업들이 대거 참여하고 있다. 기업에 따라 다르지만 시스템 통합, 연구 개발, 센서와 같은 주요 구성품 등의 분야에 참여하고 있다. 록히드 마틴은 군별 다른 시스템을 연결하는 것을 우선하고 있다. 노드롭 그루만과 RTX는 각각 JADC2 사업의 핵심 분야를 담당하고 있다. 또 HII(Huntington Ingalls Industries)

는 합동 지휘 통제와 작전이 가능하도록 모든 전쟁 영역에 걸쳐서 네트워크, 센서들, 시스템을 통합하는 능력을 제공하는 원청 기업이다.

항공 방위 분야에 특화된 L3 해리스는 미 공군의 지휘 통제 체계인 첨단 전투 관리시스템(ABMS)의 디지털 인프라 컨소시엄에 참여하고 있다. 국방 소프트웨어 전문 기업인 SAIC(Science Applications International Corporation)도 이 컨소시엄에 참여하고 있다. 또 SAIC는 미군 인도-태평양 사령부와 데이터 시스템 통합을 위한 CJADC2(연합 합동 전영역 지휘 통제) 관련 계약을 체결했다. 라이도스는 전자적 플랫폼을 구축하는 세부 부분을 담당하고 있으며 전투 항공기 분야 핵심 방위 기업인 제너럴 다이내믹스와 보잉도 여러 측면에서 이 사업에 관여하고 있다.

JADC2의 개념에 중요한 구성 요소인 클라우드 컴퓨팅과 데이터 관리 부문에서도 여러 기업이 참여한다. 아마존 웹서비스(AWS), MS, 구글과 오라클(Oracle)은 데이터 저장과 처리 및 첨단 분석틀의 구동을 위한 국방 클라우드 컴퓨팅 서비스를 제공하는 데 참여하고 있다. 이 네 기업은 JADC2의 핵심 층위인 합동 전투 클라우드 역량(JWCC) 사업을 수주했다. JWCC 사업은 지휘 본부에서 최전방 전선에 이르기까지 빠른 속도의 컴퓨팅 능력을 제공하기 위해 추진하는 사업이다. 한 서비스 기업에 대한 과도한 의존을 방지하기 위해 미 국방부가 다자 계약제를 채택하고 있는 대규모 사업이다.

JADC2의 정보 감시 정찰 부문에 참여하는 기업 중에서 시에라 네바다 코퍼레이션(SNC)은 정보 감시 정찰용 항공기 개조에 특화되어 있고, 아멘텀(Amentum)은 정보 감시 정찰 체계의 구축 및 유지 서비스를 제공한다. 오디세이 시스템(Odyssey Systems)은 정보 감시 정찰 체계 관련 기술을 네트워크된 전투 역량에 통합하는 전문 기업이다. ADS사는 통신 시스템, 무인 드론, 드론 대항 체계 등 다양한 정보 감시 정찰 장비와 역량을 통합하고 공급하는 기업이다.

페라톤(Peraton)은 JADC2의 핵심 임무 역량의 통합에 기여하고 있다. 이 기업은 기존에 참여하고 있는 해군의 프로젝트 오버매치와 육군의 프로젝트 융합의 경험을 활용하는 데 애쓰고 있다. 또 미 국방부는 JADC2 사업에서 실시간 군사 정보 분석 역량과 표적 인식을 최적화하기 위해 2025년 앤트로픽, 구글, 오픈 AI, xAI 등 선도적인 AI 기업 네 곳을 선정하였다.

동맹국의 기업들도 JADC2에 참여하고 있다. 영국 기업인 BAE도 지휘 통제 및 정보 감시 정찰 부문에서 이 사업에 참여하고 있다. 또 독일 기업인 지멘스도 미 공군의 JADC2 사업을 수주했다. 미국이 동맹국에 참여 기회를 개방하고 있어 JADC2를 CJADC2(연합 합동 전영역 지휘 통제)라고 부르기도 한다.

중소 방산 기술 기업과 스타트업의 참여

그 외 많은 중소 규모 기술 기업들과 스타트업이 센서, 전문 소프트웨어 솔루션, 핵심 드론 구성품 등 여러 세부 부문에서 이 사업에 참여하고 있다. 이 중에서 센서 부문의 몇몇 선도 기업을 소개한다.

안두릴은 '센서-사격 장치 네트워크'를 구성하는 여러 요소의 가장 끝부분인 센서에 연결하는 장치들을 생산한다. 제품은 소형 스파이 헬리콥터 드론, 태양열로 작동되는 타워로 만들어진 적외선 광학 시스템 레이다, 그리고 바위로 위장한 책 크기의 지상 센서들이다. 시험에서 미 공군은 이러한 센서 장치들을 전투기, 지상 곡사포, 지대공 미사일 및 '헌터-킬러' 드론과 네트워킹했다. 이 시스템은 시스템에 포함된 장비들이 특정한 환경에서 작동이 적절하지 못하다고 평가되면 다른 것들과 대체된다(Economist, 2021.1.9).

센서들은 이보다 훨씬 더 다양하다. 고스트 로보틱스(Ghost Robotics)가 제작한 개 모양의 자율 로봇 센서 기능들이 하나의 예가 될 수 있다. 적외선 비디오 시스템 외에 개 모양의 사족 로봇에는 동물과 사람의 발소리를 인식하기 위한 센서, 벽이나 사람의 옷을 투시할 수 있는 스캐너, 방사선, 화학 물질과 전자기 신호를 식별할 수 있는 '스니퍼 장치(sniffers)'가 장착되어 있다. 자율 차량용으로 개발된 내비게이션 덕분에 이 사족 로봇은 험한 지형에서 재빨리 움직이고 계단을 오르며 사람을 피해 은닉할 수 있다. 공군의 시험에서 이 로봇은 이동식 미사일 발사대를 탐지하여 위치 정보를 곡사포 부대에 직접 전달할 수 있다(Economist, 2021.1.9).

JADC2, '네트워크의 네트워크' 창출

JADC2의 궁극적인 목표는 육 · 해 · 공과 우주 및 사이버 공간에 걸쳐서 모든 센서들과 사격 장치를 빈틈없이 연결하는 '네트워크의 네트워크'를 창출하는 것이다. 따라서 미국의 방위 산업은 물론이고 상업 부분에서 활동하는 기성 기업, 빅테크, 신흥 기술 기업 및 스타트업의 기술과 첨단 능력이 필요하다. AI 기반 통합 지휘 통제시스템의 개발은 자율무기, 작전과 전술 알고리즘과 함께 미국의 새로운 방위 산업의 통합적 부분이다(González, 2024.4.17).

JADC2 구상이 우리나라에게 주는 함의는 무엇인가? 미국 동맹국의 입장에 보았을 때, 미국의 JADC2 구상처럼 육·해·공, 우주, 사이버 작전 영역 등 모든 작전 영역 내 실시간 정보 공유와 신속한 목표 결정과 타격을 할 수 있는 지휘 통제 체제의 구축이 요구된다. 아울러, 미국 등 우방국과의 정보 공유 체제를 구축함으로써 AI와 클라우드 기반의 빅데이터 분석과 각 군 간 센서와 무기 체계의 네트워크 연결이 가능한 디지털 전장 시스템 구축이 우선적으로 필요하다(장원준, 2025).

참고문헌

장원준(2025). "글로벌 전장의 패러다임 변화와 K-방산의 퀀텀점프 전략". 《한국국방외교저널》. https://www.kdjournal.com/news/articleView.html?idxno=242

Economist(2021.1.9.). America's approach to command and control goes peer to peer. https://www.economist.com/science-and-technology/2021/01/09/americas-approach-to-command-and-control-goes-peer-to-peer

González, R. J.(2024.4.17). How big tech and Silicon Valley are transforming the military-industrial complex. Watson

Institute, Brown University.
https://watson.brown.edu/costsofwar/papers/2024/Silicon
Valley

09
미국 신흥 방위 산업의 발전

미국의 신흥 방위 산업은 미국 전체 방위 산업 가운데 가장 역동적인 부문이다. 신흥 방위 산업의 세 가지 부문이 비교적 균형 있게 발전하고 있으며 세 부문 모두 AI를 적극적으로 활용하고 있다. 또 팔란티어와 안두릴 등 신흥 방산 기술 기업과 스타트업, AI 기업을 중심으로 기업 간 협력이 적극적이며 경쟁도 상당히 치열하다.

AI와 기자?

전통적으로 소수의 방산 대기업에 의해 주도되고 혁신적인 민간 시장과 거의 분리되어 있던 미국의 방위 산업이 빠르게 변화하고 있다. 트럼프 행정부의 '군 현대화와 전투력 강화 정책'을 배경으로 발전하고 있는 신흥 방산 부문의 도전이 이러한 변화를 촉진하고 있다.

신흥 방위 산업의 구조

미국의 신흥 방위 산업은 상당히 복합적인 구조를 띠고 기업의 종류도 상당히 다양하다. 기업 규모의 측면에서 보면, 우선 5대 전통 방산 대기업과 함께 적은 수의 전문 대기업이 있다. 또한 세계 IT 산업을 주도하는 빅테크들과 함께 AI 기업들도 들어와 있다. 대부분 중소기업 규모인 많은 수의 신흥 방산 기술 기업과 스타트업이 있다.

기성 방산 대기업들은 빠르게는 1990년대 초반부터 대부분 고가의 고성능 대형 드론을 제조해 왔다. L3 해리스와 같이 몇몇 전문 방산 대기업들은 하드웨어 외에 지휘 통제 체제나 정찰용 항공기 등을 제조해 왔다. 록히드 마틴, 제너럴 다이내믹스, RTX, L3 해리스와 같은 기성 방산 대기업들은 JADC2(합동 전영역 지휘 통제) 부문에도 거의 모두 참여하여 각각 전문 분야에 기여하고 있다. 예를 들어 L3 해리스는 통신 체계, 임무 통합 체계, 우주 및 항공 체계 등의 분야에서 활약하고 있다(Marketsand Markets, 2023.8.22).

눈에 띄는 것은 구글, 아마존, 오라클, MS와 같은 빅테크들도 국방 분야에 적극적으로 진출하고 있다는 점이다. 2018년 직원들의 이의 제기로 구글이 프로젝트 메이븐(Maven)에서 이탈한 상황과는 아주 대조적인 분위기가 생기고 있다. 다른 한편 오픈 AI, 안드로픽, MS, 메타, xAI와 같은 AI 전문 기업들도 활발히 참여하고 있다. AI 기업들은 대체로 드론 분야나 전장 정보 분석 부문의 기술 기업들과 협업을 추진하고 있다(Wasser and Sheers, 2025).

선도적인 신흥 방산 기술 기업인 팔란티어와 안두릴은 신흥 방산 시장에 활력과 역동성을 불어넣고 있다. 두 기업은 각각 다른 방산 기업 및 AI 기업들과 협력을 추구하고 있다. 팔란티어는 부즈 앨런 해밀턴과 손잡고 미 동맹국들의 군사 혁신을 추진한다. 안두릴은 대 드론 능력을 향상하기 위해서 챗GPT 기업인 오픈 AI와 협력을 추진하고 있다. 또 두 기업은 컨소시엄을 구성하고 공동 사업을 추진하는 한편 신흥 방위 산업계 전반으로 이 컨소시엄을 확대하고 있다(Albon, 2024.12.7).

정책 유인과 기회 요소

무엇보다 AI 기업들을 포함해 신흥 방산 기술 기업과 스타트업은 미국의 방위 산업에서 가장 역동적인 부분이다. 미 국방부는 2010년대 중반부터 중국의 AI 무기 개발과 지능화 군사력 증강에 대응하여 AI 무기와 전술을 도입하기 위한 다양한 사업을 추진해 왔다. 트럼프 2기 행정부에서는 매우 공세적인 국방 전략과 국방 개혁을 추진하고 있다. 이러한 정책 추진은 신흥 방위 산업계에 정책 유인과 기회를 제공하고 있다.

미 국방부는 2015년 국방혁신단을 신설하여 실리콘 밸리 현지에 사무소를 열었다. 방산 스타트업을 골라서 벤처 자본을 투자하고 첨단 기술 업체들과 교류를 하기 위한 목적을 띠었다. 이 시기가 미국에는 중국의 패권 도전에 대한 경계심이 크기 시작한 때다. 2015년 미국 상원 국방위원장이던 존 매케인(John McCain)이 실리콘 밸리 기업들에게 국방 사업에 관심을 가질 것을 공식적으로 요청하였다. 이를 계기로 미 국방부와 기술 업계는 실리콘 밸리 방위 그룹(Silicon Valley Defense Group, SVDG)을 결성했다. SVDG에는 100여 개의 미국 기술 기업과 스타트업이 참여했고 이것은 정부, 방산 기업, 투자자 간 네트워크의 중심이 됐다(중앙일보, 2025.4.9).

또 국방부는 2017년 기계 학습 AI로 전장 데이터를 분석하여 타격 목표를 결정하거나 전술을 추천하는 범용 전술 알고리즘을 개발하는 프로젝트 메이븐(Maven)을 추진하였다.

미 국방부는 2023년 8월 수천 대에 이르는 대량의 소형 드론을 조달하여 실전 부대에 배치하기 위한 국방혁신단 주관의 리플리케이터 구상을 시작하였다. 이것은 육·해·공과 우주 공간을 포함한 모든 전투 영역에 배치하고 사용할 수 있는 소모 가능 센서 체계와 공격 드론(All Domain Attritable System, ADAS)을 개발, 생산하기 위한 구상이다. 무엇보다 인도-태평양 지역에서 중국의 장거리 미사일과 전략적 드론 전력을 억제하기 위한 목적을 띠었다. 미군 인도-태평양 사령부 부대에 우선적으로 배치되는 것으로 알려졌다(Sayler, 2025).

트럼프 2기 행정부에서는 AI 군사력 강화와 이와 관련한 방위 산업 기반을 재활성화하는 정책들이 더 적극적으로 추진되고 있다. 새로운 미국의 국방 전략이 공식적으로 공개되지 않았지만, 그 윤곽은 대체로 밝혀지고 있다. 미국의 신흥 방위 산업과 관련된 부분은 '군 현대화와 전투력 강화' 부분 및 방위 산업 기반의 재활성화 부분이다. 이 부분을 중심으로 신흥 방위 산업에 어떤 정책 유인과 기회 요소가 되는지를 분석한다.

방위 산업의 재활성화는 국방 획득 정책의 개혁과 밀접한 관련이 있다. 신속획득법령의 개선이 추진된다. 고가의 하드웨어 중심의 조달 제도가 개선되어 개발과 조달의 빠른 속도가 중요한 AI나 소프트웨어와 IT 서비스의 조달이 보다 쉬워진다. 또 군사 드론의 제조와 AI 소프트웨어의 개발에 속도와 혁신이 관건인 상용 시장의 기성 부품과 기술을 활용하는 것이 쉬워진다. 국방 조달에서도 국내 생산을 장려하기 위해 세제 혜택, 연구 개발 자금 제공이나 보조금 제공 등의 유인책을 시행한다. 마지막으로 미국 제품 우선 구매 정책(Buy American)을 시행하여 제품은 물론 부품과 소재 부문 방산 기업들을 지원한다.

군 현대화와 전투력 강화 정책은 주로 신흥 방산 부문에 대해서는 수요 창출의 기회로 작용할 수 있다. 우선, 무인 체제의 증강과 드론 스워밍 전술 플랫폼의 구축 등은 직접적인 기회가 될 것이다. 노후화된 고가, 고성능 전통 무기 체계의 추가 조달을 제한하는 정책도 신흥 방산업계에는 기회 요인이 될 것이다.

AI 자율 드론 무기의 조달은 미 국방부가 더욱 적극적으로 시행할 계획이다. 2025년 7월 초 미 국방부 장관은 대통령 행정명령에 따라 '미국 군용 드론 지배권 확보'를 위한 정책 메모를 발표했다. 이 메모는 드론은 한 세기 만에 나올 수 있는 전장 혁신이라고 주장하면서 드론의 제조 기반 확충, 일선 부대에 드론 배치, 드론 훈련 체계의 수립이 필요하다고 천명하고 있다.

미국은 세계 방위 산업을 선도해 왔지만, 방위 산업 이슈가 트럼프 2기 행정부에서 핵심 국방 과제 중의 하나로 주목받은 것은 결코 우연이 아니다. 우크라이나 전쟁을 계기로 미국은 방위 산업 기반의 취약성을 새삼 확인할 수 있었다(Brown, 2025). 예를 들면, 세계 상용 드론 산업을 장악하고 있는 중국에 비해 미국은 드론 분야의 국내 방위 산업 기반에서 취약성이 드러났다.

미국 신흥 방위 산업의 특성과 전망

미국의 신흥 방위 산업의 특성을 몇 가지 제시하면 첫째, 방산 시장과 상용 시장이 매우 밀접하게 연결되어 있다. 전통적으로 미국의 기성 방위 산업은 미국 경제부터 고립되었다는 비판에 시달려 왔다. 이러한 고립의 결과, 국방 기술 투자가 감소하고 AI 등 첨단 기술 부문에 대한 국방부의 접근이 어려워졌다(Allen and Berenson, 2024.8.20). 그런데 신흥 방산 기술 기업들의 등장은 미국 방위 산업에 새로운 경쟁과 혁신을 불러오는 계기가 되었다. 많은 신흥 방산 기술 기업들은 상용 부문에서 사업을 영위하고 빅테크나 AI 기업들과의 협업에도 적극적이다.

둘째, 소프트웨어의 중요성을 잘 인식하고 적극적으로 활용하고 있다는 점이다. 무엇보다 미국 IT 산업의 경쟁력은 소프트웨어 부문의 발전에 기초하고 있다. 신흥 방산 기술 기업들도 이러한 우수한 상용 시장의 강점을 잘 활용하고 있다. 드론과 같은 하드웨어 무기의 제조 기업들도 소프트웨어 플랫폼이나 AI 전문 기업들과의 협업을 적극적으로 추진하고 있다는 점에서 이것을 확인할 수 있다. 드론 무기 자체도 소프트웨어 부문이 매우 중요하다.

셋째, 신흥 방산 기술 기업들은 드론 분야든 소프트웨어 플랫폼 분야든 AI를 적극적으로 수용하고 있다. 드론도 자율 기능과 지능을 높이기 위해서 AI의 적용이 필수적이며 전장 정보 분석이나 전술 알고리즘의 개발에도 적용이 필요하다. 이러한 점에서 AI 토대 모델을 개발하는 빅테크나 AI 전문 기업들과 신흥 기술 기업 간 협업이 활발하다. 이러한 점은 미국과 중국이 패권 경쟁을 벌이면서 AI 패권을 최우선으로 추구하고 있는 배경이 되고 있다.

앞으로 미국의 신흥 방산업계는 어떻게 발전할 것인가? 쉽게 단정하기는 어렵지만 중단기적으로는 기성 방위 산업과 공존해 나갈 것으로 전망된다. 장기적으로는 AI 기반의 신흥 방산업계의 강점과 역동성은 미국 방위 산업의 전반적인 구조에 영향을 미칠 것이며 이 과정에서 신흥 방위 산업계의 위상은 더 향상될 것이 틀림없다 (Bremer and Grieco, 2024.2.7).

참고문헌

중앙일보(2025.4.9). "'세계 경찰' 포기한 미국… K방산 '몸빵 드론' 뜬다". https://www.joongang.co.kr/article/25327203

Albon, C.(2024.12.7). Defense tech firms establish AI-focused consortium. *Defense News.* https://www.defensenews.com/pentagon/2024/12/06/defense-tech-firms-establish-ai-focused-consortium/

Allen, G. C. & Berenson, D.(2024.8.20). Why Is the U.S. Defense Industrial Base So Isolated from the U.S. Economy? (Commentary). Center for Strategic and International Security. https://www.csis.org/analysis/why-us-defense-industrial-base-so-isolated-us-economy

Bremer, M. K. & Grieco, K. A.(2024.2.7). Reimagining the American war machine. *New York Times.* https://www.nytimes.com/2025/02/07/opinion/us-militar

y-weapons-pentagon.html

Brown, M.(2025). The empty arsenal of democracy: How America can build a new defense industrial Base. *Foreign Affairs, 104*(3).

MarkestandMarket(2023.8.22). US Joint All-Domain Command and Control (JADC2) technology companies. https://www.marketsandmarkets.com/ResearchInsight/jadc2-technology-market.asp

Sayler, K. M.(2025.8.25). DOD Replicator Initiative: Background and issues for Congress. Congressional Research Service. https://www.congress.gov/crs-product/IF12611

Wasser, B. & Sheers, P.(2025). From Production Lines to Front Lines: Revitalizing the U.S. Defense Industrial Base for Future Great Power Conflict. Center for a New American Security(CNAS). https://www.cnas.org/publications/reports/from-production-lines-to-front-lines

10
한국 신흥 방위 산업 생태계 분석

우리나라 AI 기반 신흥 방위 산업은 구조적으로 취약하다. 드론과 자율무기 체계 부문은 어느 정도 생태계가 생겼다고 볼 수 있으나 AI와 소프트웨어 기반 전장 정보 분석 부문과 글로벌 지휘 통제 부문은 매우 취약하다. 기성 'K 방산'의 발전에 안주하지 않고, 신흥 방위 산업의 육성에도 힘을 쏟아야 한다. 북한의 드론 산업 육성에 대응하기 위해서 국가 차원의 전략적 접근이 필요하다.

AI와 미래 의사?

우크라이나 전쟁의 지속과 북한군의 참전은 우리나라에 이중 삼중의 어려운 도전을 던져 주고 있다. 드론 무기와 전장 정보 분석의 위력을 보여 준 우크라이나 전쟁은 신흥 방위 산업의 중요성을 증언하고 있으며 북한의 참전은 신흥 방위 산업 육성의 필요성을 제기한다.

우리나라의 전반적 방위 산업에서 '신흥 방위 산업'이라고 부를 수 있는 부문이 존재하는지에 대해서는 의문의 여지가 많다. 여기에서는 AI 기반 신흥 방위 산업의 육성이라는 문제의식을 염두에 두고 우리나라 신흥 방위 산업을 검토한다. 먼저 신흥 방위 산업의 발전 현황을 살펴본다. 마지막으로 이에 대해 평가하고 시사점을 제시한다.

우리나라 신흥 방위 산업 현황

우리나라 방위 산업은 최근 들어 국내외에 걸쳐 관심을 크게 끌고 있다. 소위 'K 방산'의 이름표는 문화 산업의 'K-pop'처럼 우리 방위 산업에 대한 자긍심과 기대를 응축하고 있다. 또 2024년에는 세계 방산 100대 기업에 한국 방산 기업 네 곳이 포함되었다. 한화에어로스페이스가 24위로 상위권에 오르고 한국항공우주산업(KAI), LG 넥스원, 현대로템 등도 순위에 들었다(조선일보, 2025.

2.19). 155mm 자주포나 K2 흑표 전차로 대표되는 'K 방산'은 전통적인 기성 방위 산업에 속한다. 현실적으로 기성 방위 산업과 신흥 방위 산업의 경계가 유동적이지만 이 글의 접근 방법인 신흥 방위 산업의 세 가지 범주 구분에 따라 현황을 파악한다.

첫째, 드론과 자율무기 부문이다. HD현대중공업은 정찰용 무인 수상 함정 테네브리스를 개발하고 있다. 위험 지역 정찰, 기뢰 탐색 및 제거 임무 등에서 유인 함정을 대체할 미래 해전의 필수 무기로 꼽힌다. AI 기반 전장 정보 분석 플랫폼 전문인 미국의 방산 기술 기업 팔란티어와 공동 개발을 진행 중이다(조선일보, 2025.3.23).

한화에어로스페이스는 공격이 가능한 AI 기반 다목적 무인 차량 아리온스멧을 개발했다. 아리온스멧은 물자 운송뿐 아니라 총성의 패턴 등으로 아군과 적군을 구별해 탑재된 총기로 적군을 조준하는 기능까지 갖춘 넓은 범위의 AI 로봇이다(조선일보, 2025.3.23).

한화에어로스페이스는 유럽 최대 무인 차량(UGV) 기업인 '밀렘 로보틱스'와 공동 기술 개발을 추진하고 있다. 에스토니아 기업인 밀렘 로보틱스는 미국, 영국, 프랑스 등 북대서양조약기구(NATO)의 여러 국가에 무인 차량을 공급하는 기술 기업이다(조선일보, 2025.2.19).

HD현대중공업은 무인 수상정을 개발하기 위해 올해 4월 미국 방산 기술 기업 두 곳과 협업을 추진한다. 안두릴과는 AI 기반 함정 자율화 기술을, 팔란티어와는 AI 기반 임무 자율화가 가능한 무인 수상정을 개발한다. LIG넥스원은 자율 해군 함정의 개발을 위해 2025년 5월 AI 기반 자율 운항 플랫폼 기업인 미국 쉴드 AI와 업무 협약을 맺었다. 무인 해상 드론 분야에서 경쟁 관계에 있는 HD현대중공업과 LIG넥스원은 유·무인 해양 무기 체계와 함정 스텔스 기능 연구 센터의 공동 운영을 시작했다(한국일보, 2025.7.17).

기성 방산 기업이 아닌 국내 스타트업도 방위 산업 시장에 진입하고 있다. 드론 제조업체 니어스랩은 AI 자율 비행 기술을 가지고 2023년 방산 분야로 사업을 확장했다. 이 회사가 개발한 카이든은 드론 잡는 자폭 드론이다. 적군의 드론을 그대로 들이받아 무력화시키는 대 드론 무기다. 시속 250㎞ 초고속으로 날아가 드론을 격추한다. 니어스랩은 민간 영상 AI 기반 영상 분석 및 제어 기술을 카이든에 탑재한다. 카이든은 AI 소프트웨어로 성능을 올리고 하드웨어 단가를 저렴하게 한 소모성 드론이다(중앙일보, 2025.4.9).

라이온로보틱스는 4족 보행 로봇 '라이보'를 개발하는

스타트업이다. 지뢰밭이나 전쟁터 등 위험한 곳에 투입할 수 있을지를 실험하는 연구 용도로 한국 육군 및 싱가포르 국방연구소에 판매되었다(중앙일보, 2025.4.9).

둘째, 전장 정보 분석과 전술 알고리즘 부문이다. 이 부문에서는 기술 기업들의 진입이 저조한 편이다. 항공우주산업(KAI)은 핀란드 방산 기업인 파트리아와 손잡고 항공 분야에서 유·무인 복합 전투 체계를 위한 데이터 전송 소프트웨어 솔루션을 개발하고 있다(조선일보, 2024.12.16).

이 분야에도 스타트업이 진입하고 있다. 젠젠에이아이는 생성형 AI로 방위 산업에서 활용이 가능한 고품질 합성 데이터를 만든다. 날씨, 시간대, 계절 등 다양한 상황을 가정한 군사 데이터를 만든다(중앙일보, 2025.4.9). 한화시스템은 서울대, 네이버 등과 한국형 대공 방어 전장 상황 인식 AI 모델 개발에 착수했다(한국일보, 2025.7.17).

또 펀진은 AIoT(AI+사물인터넷) 및 AI 전문 기업으로 국방 부문에서는 스워밍 전술을 위한 AI 플랫폼을 개발하고 있다. AI 플랫폼 기업인 인피닉도 전술 차량, 이동형 관제 시스템 분야를 개척하고 있다. 무기 체계별 맞춤형 AI 솔루션 개발을 지원하는 퀀텀에어로나 무인 이동체 자율 스워밍 제어 기술을 보유한 파블로항공 등도 주목을 받고 있다(김상배, 2025.10.10).

국방연구소(ADD)가 주도하여 민간 기업들이 참여하는 방식으로 네트워크 중심의 통합 전투 체계를 구축하는 프로그램을 추진한다. 여기에는 무인 항공기, 무인 지상 차량, 무인 수중 드론이 포함된다. 2030년 초반 배치를 목표로 AI, 빅데이터 분석, 자율 주행 등 민간 기술을 적극적으로 수용할 예정이다. 이 통합 전투 체계도 자율무기 체계 못지않게 소프트웨어 플랫폼이 중요한 구성 요소다(이코리아, 2025.3.10).

세 번째 범주인 지휘 통제 및 군사 정보시스템 부문은 상당히 빈약하다. LIG넥스원은 한국전자통신연구원, 코난테크놀로지와 함께 다수의 AI 모델이 협업하는 지능형 지휘 통제 체계를 개발하고 있다. 한화시스템은 위성 데이터를 기계 학습 AI로 분석하는 복합 센서 위성망을 영국 BAE 시스템스와 함께 개발한다. 미국 노드롭 그루먼과는 육·해·공의 다양한 레이더와 요격 체계를 하나의 네트워크로 연결해 공중 위협 자산을 막아내는 대응 체계를 개발 중이다(한국일보, 2025.7.17).

우리나라 신흥 방위 산업 평가와 시사점

우선, 신흥 방위 산업 생태계가 드론 산업에 치중되어 있어서 산업 생태계의 구조적 불균형이 크게 보인다. 드론 부문은 하드웨어적 요소가 강한 부분이지만 전장 정보 분석 부문이나 지휘 통제 및 군사 정보시스템은 AI와 소프트웨어가 매우 중요하다.

또한 드론 분야가 어느 정도 발전하고 있지만 드론 분야에서 우리가 강점을 가진 AI와 소프트웨어의 활용이 적극적이지 않다. 드론의 하드웨어 부분을 중시하는 접근법은 산업 시대의 낡은 접근법이라는 비판도 있다(Economist, 2025.6.26). 또 하드웨어 부분의 중시는 중국산 부품에 대한 의존도를 높일 수 있다. 이러한 점에서 한국의 드론 산업은 드론 소프트웨어라도 개발을 활성화하는 것이 필요하다(한국일보, 2025.8.22).

마지막으로 우리나라 신흥 방위 산업의 발전을 위해 세 가지 시사점을 제시한다. 첫째, 민간 상용 시장의 강점과 경쟁력을 충분히 활용할 수 있는 방향으로 정책을 수립해야 한다. 예를 들면 드론 부문에서는 하드웨어 시스템 자체보다 AI와 소프트웨어의 활용을 중시하는 접근법이 더 효율적이다(장원준, 2025).

둘째, 비대칭 무기인 북한의 드론 전력이 질과 양의 측면에서 어떻게 구축되고 있는지 잘 살펴보는 것이 필요하다. 북한의 우크라이나 전쟁 참전은 북한의 드론 전력 구축에 크게 도움이 된다. 우선, 실전 현장에서 전장 데이터를 확보할 수 있고 드론 전력의 운용 능력을 향상할 수 있다. 러시아에 파견된 북한 노동자들이 드론 제조 기술을 직접 익히는 기회가 될 수 있다. 또한 러시아의 드론 기술 지원을 확보할 수 있다. 이러한 기회들은 북한의 드론 산업 기반의 구축에 큰 영향을 미칠 것이다.

셋째, 아주 원론적이지만 균형을 갖춘 신흥 방위 산업 생태계의 기반 조성이 필요하다. 신흥 방위 산업의 세 가지 범주, 즉 드론과 자율무기 체계 부문, 전장 정보 분석 플랫폼 부문, 글로벌 지휘 통제 및 군사 정보시스템 부문 중에서 드론 부문이 사정이 조금 낫다고 볼 수 있지만, 다른 두 가지 범주에서는 진입 기업의 수가 아직 적고 초기 단계의 스타트업 수준에 머물러 있는 것이 현재의 전반적인 실정이다. 장래 우리나라 신흥 방위 산업의 육성을 위해서는 세 범주가 유기적으로 상호 작용을 맺고 어느 정도는 균형 있게 발전할 수 있도록 세심한 정책과 지원이 필요하다. 이를 위해서는 국가 차원의 전략적 접근이 요구된다.

참고문헌

김상배(2025.10.10). "국방비 증액으로 국방 AI 생태계 조성 서둘러야". 《중앙일보》. https://www.joongang.co.kr/article/25372707

이코리아(2025.3.10). "'AI+무인' 방위 산업 폭풍 성장, 국내 방산업체의 글로벌 경쟁력은?". https://www.ekoreanews.co.kr/news/articleView.html?idxno=78299

장원준(2025). "글로벌 전장의 패러다임 변화와 K-방산의 퀀텀점프 전략". 《한국국방외교저널》. https://www.kdjournal.com/news/articleView.html?idxno=242

조선일보(2025.2.19). "한화, 글로벌 무인차량 기업 밀렘과 협력… '세계 최고 무인차량 개발'". https://www.chosun.com/economy/industry-company/2025/02/19/TLSWWSTXU5HWJNEDSA3WO6VFUQ/

조선일보(2025.3.23). "AI 사령관, 드디어 참전!". https://www.chosun.com/economy/weeklybiz/2025/03/20/B5MHHJINTVCH5KBLCK37NG27MA/

중앙일보(2025.4.9). "'세계 경찰' 포기한 미국… K방산 '몸빵 드론' 뜬다". https://www.joongang.co.kr/article/25327203

한국일보(2025.7.17). "K방산, 美 팔란티어-英 BAE와 손잡고 AI 무인 수상정-AI 위성망 만든다". https://www.hankookilbo.com/News/Read/A2025071609450000338

한국일보(2025.8.22). "전쟁 문법 바꾸며 산업 재편 이끄는 드론… 러우전쟁이 앞당긴 무인전 시대". https://www.hankookilbo.com/News/Read/A2025081910

100004060

Economist(2025.6.26). Complex post-industrial military. https://www.economist.com/briefing/2025/06/26/the-war-in-ukraine-shows-the-west-can-re-arm-without-re-industrialising

조현석

서울과학기술대학교 IT정책전문대학원 명예교수다. 서울대학교 사회과학대학 외교학과를 졸업했다. 서울대학교에서 석사학위와 정치학 박사학위를 받았다(학위논문: 반도체 산업의 국제정치: 미·일 간 전략적 경쟁과 한국의 반도체 산업).

IT와 인공지능을 포함한 과학기술의 국제정치학적 연구가 주된 전공 분야다. 주요 저서로 《인터넷 권력의 해부》(공저, 2008), 《신흥 무대의 미중 경쟁》(공저, 2018), 《인공지능, 권력 변환과 세계정치》(공저, 2018), 《20개의 핵심 개념으로 읽는 디지털 기술사회》(공저, 2022)가 있다. 최근 논문은 "인공지능 및 자율무기 체계의 발전과 미래 전쟁의 변환"(2018), "인공지능의 군사적 활용과 국제 핵질서"(2022) 등이 있다.